"双减"的前世今生

顾明远谈话录

顾明远
丁瑞常
著

中国出版集团
中译出版社

图书在版编目（CIP）数据

"双减"的前世今生：顾明远谈话录/顾明远，丁瑞常著.--北京：中译出版社，2024.5
ISBN 978-7-5001-7788-3

Ⅰ.①双… Ⅱ.①顾…②丁… Ⅲ.①教育政策－研究－中国 Ⅳ.① G520

中国国家版本馆 CIP 数据核字（2024）第 052377 号

"双减"的前世今生：顾明远谈话录
"SHUANGJIAN" DE QIANSHI JINSHENG: GUMINGYUAN TANHUA LU

著　　者：顾明远　丁瑞常
策划编辑：朱小兰　苏　畅　王希雅
责任编辑：朱小兰
文字编辑：刘炜丽　王希雅　苏　畅　朱　涵
营销编辑：任　格　王海宽

出版发行：中译出版社
地　　址：北京市西城区新街口外大街28号102号楼4层
电　　话：（010）68002494（编辑部）
邮　　编：100088
电子邮箱：book@ctph.com.cn
网　　址：http://www.ctph.com.cn

印　　刷：北京中科印刷有限公司
经　　销：新华书店
规　　格：880 mm × 1230 mm　1/32
印　　张：6
字　　数：100千字
版　　次：2024年5月第1版
印　　次：2024年5月第1次

ISBN 978-7-5001-7788-3　　　　定价：59.00元

版权所有　侵权必究
中 译 出 版 社

目 录

引 言　　I

第一章
减轻学生课业负担是一个老问题　　001
第一节　为什么要给学生"减负"　　003
第二节　七十多年的"减负战"　　011
第三节　"减负"的"结"为什么久久解不开　　025

第二章
为什么反对应试教育　　031
第一节　应试教育是怎么来的　　033
第二节　反对应试教育是在反对什么　　043
第三节　人工智能时代的到来与应试教育的末路　　049

第三章

校外教育的"越位"与教育资本化　　057

第一节　"变味的"校外教育　　059

第二节　教育行业绝对不能资本化　　071

第四章

"双减"政策的目的和落实　　079

第一节　"双减"是贯彻新时代党的教育方针的具体举措　　081

第二节　"双减"的根本目的是让教育回归本质　　085

第三节　落实"双减"的关键在于做好"双增"　　097

第五章

办好每一所学校，上好每一节课，教好每一个学生　　109

第一节　教育观念现代化是教育现代化的灵魂　　112

第二节　教育现代化要靠制度建设来实现　　133

第三节　抓住教师队伍建设这个"牛鼻子"　　153

第四节　利用现代信息技术赋能教育高质量均衡发展　　179

引 言

2021年7月,中共中央办公厅、国务院办公厅印发了《关于进一步减轻义务教育阶段学生作业负担和校外培训负担的意见》(以下简称"双减"),各地认真落实,取得了较好的效果。学生的作业负担减轻了、学习愉快了、学习效率提高了,出现了生动活泼、主动学习的局面。校外培训机构得到了整顿,学科类的培训已经被扼制。但是,社会上对"双减"的质疑声仍然不绝于耳,有些家长生怕孩子学少了,影响其在中考、高考中的竞争力;有些人质疑(学校)能否保证学生在校期间的学习质量,甚至说"教育质量降低了"。各种培训仍暗流涌动。各地各校在落实"双减"时也遇到一些困难,出现一些新的矛盾。

正如习近平总书记 2023 年儿童节前夕在北京育英学校考察时所言："'双减'政策落地有一个过程，要久久为功。要引导家长、学校、社会等各方面提高认识，推动落实好'双减'工作要求，促进学生全面发展。"如何理解"双减"的重要意义，如何化解出现的许多新矛盾，需要研究一下"双减"政策出台的历史背景，了解现状和前行的路径。

为此，本书第二作者丁瑞常与顾明远先生就"双减"话题进行了长时间的对话和讨论。顾先生详述了"双减"的来龙去脉。丁瑞常对谈话和讨论记录进行了整理，并根据顾先生的回忆，补充了一些背景资料。

第一章
减轻学生课业负担是一个老问题

中小学生课业负担过重是我国基础教育中的痼疾，党和国家历届领导人都高度重视这一问题。我做了一个粗略的统计，中华人民共和国成立以来，仅教育部发布的有关"减负"的文件就不下 40 份，更不用说地方上的各种相关政令。然而，几十年来，虽然在一些地区出现了减轻中小学生课业负担的比较好的做法，取得了一些成效，但从总体来看，时至今日，中小学生课业负担问题依旧没有得到根本解决，甚至有愈演愈烈之势。而且，关于如何"减"，甚至要不要"减"，一直众说纷纭。

第一节 为什么要给学生"减负"

基本上政府每次发布"减负令"，或者有专家、学者呼吁减轻学生课业负担，社会上都莫衷一是，这些对"减负"的提倡甚至会受到指责。大家或对"减负"没有信心，或质疑"减负"是否合理。许多中小学一线教师认为，国家要求的课程内容那么多，升学考试压力那么大，学生课业负担怎么减得下来？行政部门作出硬性规定，让学校少留作业，不准违规"补课"，结果家长们不答应了。他们担心课业负担减下来以后学生会无所事事，而且升学压力那么大，竞争那样激烈，谁敢把学生课业负担减下来？于是乎，这头学校或主动或被动地给学生"减负"，那头家长们忙活着给孩子花样"增负"，各种课外补习班应运而生，而且越办越红火。

在讨论为什么要给学生"减负"这个问题之前，我们首先要搞清楚我们所呼吁的"减负"是要"减"什么"负"。在2019年教育部举办的一次例行新闻发布会上，基础教育司司长吕玉刚表示，学生完成国家课程方案和课程标准规定的学习内容，是应尽的学习义务，合理的负担是学生开发智力、激发潜力、锻炼能力的必要条件。所以，"减负"绝对不是见"负"就"减"，绝对不是怕让学生"吃苦"，绝对不是要放纵学生懈怠学业。吃苦耐劳、拼搏奋斗既是中华民族的优秀品质,也是我们必须在教育中予以培养的学生基本品格。常言道,"没有压力就没有动力",完全没有课业负担是不可能的,也是有害的。当然,凡事过犹不及。压力过大了,负担过重了,那也会有问题。我们现在的问题就是中小学生课业负担过重了,重到超出他们的接受范围,重到产生许多副作用。所以,我们得把过重的、冗余的那部分"负"给"减"掉。

我们为什么,或者凭什么说现在中小学生课业负担过重呢?按照吕司长的说法,完成国家课程方案和课程标准规定的学习内容是合理的课业负担。但问题是现在中小学、补习班教的中小学教学内容、难度已经超出国家课程标准(俗称"超纲"),层层加码的现象十分普遍。于是,一方面,在校时间不断延长,上学时间越来越早,放学时间越来越晚,周末、节假日疯狂"补课",纷纷打起"时间仗"。另一方面,学校课后作业越布置越多,教辅机构滥用教辅资料,大搞"题海战术",考试频次越来越密集。

根据中国青少年研究中心"中国少年儿童发展状况"课题组于2010年与2015年进行的两次全国大范围调查,全国小学生的平均在校时间从2010年的6.7

小时增加到 8.1 小时;中学生的平均在校时间从 7.7 小时增加到 11 小时。五年间小学生与中学生在校时间的增幅分别达到了 20.9% 与 42.9%,在校学习时间显著延长。在经济合作与发展组织(OECD)的 2018 年国际学生评估项目(PISA2018)中,全球有 79 个国家(地区)的 15 岁学生参与了抽样测试和调查。结果显示,我国四省市(北京、上海、江苏、浙江)学生平均校内课堂学习时间为 31.8 小时 / 周,按照学习时间长短排序,在参测国家(地区)中排第 4 位。单项学习时间方面,我国四省市学生在阅读、数学和科学上的平均学习时间分别为 4.6 小时 / 周、5.0 小时 / 周、5.5 小时 / 周,在参测国家(地区)中分别排第 7 位、第 8 位、第 3 位。调查数据还表明,中国几乎是参测中学生校外学习时间最长的国家。因此,虽然我国四省市作为一个整体取得全部 3 项科目参测国家(地区)第一的好成绩,但是经过学习时间折算后的学生阅读、数学和科学学习效率在参测国家(地区)中排名分列第 44 位、第 46 位、第 54 位。

学习时间延长形成的成本,是学生面临的无形课业负担,不仅意味着学习效率较低,而且意味着占用学生大量自由课余生活时间。学生课业负担过重带来诸多问题。一是导致学生片面发展。我们说中小学生课业负担过重，其实确切来说只是"文化课"，特别是被纳入升学考试范围的"应试"科目才有的问题。对于美育、体育等这些经常被人们称作"副科"的学习科目而言，问题不是负担过重，而是太轻了。"应试"科目的超纲加码侵占非应试科目的教、学时间，结果就是学生发展的一些方面"营养过剩"，另一些方面又"营养不良"。而且，即便是对于文化课的教、学，智育也被窄化为"做题训练"，忽视对学生最重要的思维训练和培养。

二是导致学生睡眠时间严重不足。2021年，北京师范大学刘坚教授、刘红云教授团队发布了《全国首个区域教育质量健康体检报告》，全面梳理团队7年多来在181个区县的2 638所小学、1 322所初中和140所高中采集到的区域教育质量健康体检数据。其中一项发现就是，当前我国小学生睡眠时间达不到国家规定标准的比例是88.8%，而初中生的这一比例更是高达95.7%，34.2%的学生每天睡眠时间不足7小时。团队成员进一步分析不同区县学生睡眠不足的原因，发现"家长安排的补习""学校老师布置的学习任务"是排在前两位的原因。

三是导致学生身心健康危机。学生从早到晚忙着上文化课、写作业，身体锻炼、社交乃至睡眠时间均被严重剥夺，给学生的身心带来了极大的伤害。中国儿童中心出版的《儿童蓝皮书：中国儿童发展报告（2021）》显示，2010年中国中小学生超重肥胖率为15.5%，2014年上升到20.4%，2019年又继续上升至24.2%，2010—2019年中小学生超重肥胖率上升了8.7个百分点。2010年中国中小学生视力不良率为57.4%，2014年上升至62.2%，2019年又继续上升至67.9%，2010—2019年中小学生视力不良率上升了10.5个百分点。国家卫健委2021年7月13日召开新闻发布会，表示为全面评估近视率的情况，2020年9到12月全面开展了近视专项调查，覆盖了全国8604所学校，共筛查247.7万名学生，调查结果显示：2020年，我国儿童青少年总体近视率为52.7%，其中6岁儿童为14.3%，小学生为35.6%，初中生为71.1%，高中生为80.5%。在心理健康方面，东北师范大学心理学院刘晓明教授2019年发布的《中国中小学生心理发展报告》指出，全国有4成以上的中小学生存在心理适应不良的现象，在自我适应、社会适应方面困扰最多：59.8%的中小学生存在自我适应困扰，53.3%的中小学生存在社会适应困扰。

更加令人震惊和痛心的是，近年来时有出现中小学生疑似与作业焦虑、学习压力相关的自杀悲剧！可见减轻学生课业负担是一件多么紧迫的事！

链接：学生的眼镜片折射出过重课业负担[①]

上周，中国青年报社社会调查中心联合问卷网开展的一项调查显示，72.7%的受访家长表示孩子已经近视，91.6%的受访家长担忧孩子的视力问题。

……………

眼下已进入暑假，但对很多中小学生而言，暑假早已不是用来休息、娱乐的快乐假期，而是演变为"第三个学期"：虽然不用去学校上课，但要去辅导机构"上班"。近日，有家长在接受媒体采访时称之为"地狱式暑假"，"孩子每天清晨6点多出门，培训结束的时候已经晚上8点了，

---

① 学生的眼镜片折射出过重课业负担［N］.中国教育报，2018-7-21（02）.

没有一点儿喘息的机会。"这名家长所说的情况当然有些极端，但也未尝不能反映出当下一些中小学生的真实状态。当一些学校的初一试卷出到了初三的难度，当不少幼儿园逐步"小学化"，当老师们为了提高学生成绩而痴迷于布置大量作业，当家长们整天在微信群、朋友圈攀比孩子的学习成绩，面对这样的现实，我们就不难理解孩子们鼻梁上的眼镜因何而来。

中小学生的近视问题是多方面因素造成的，但学习负担过重在其中所起的作用，不言自明。

…………

中小学生近视率居高不下只是表象，它折射出当下学校教育、家庭教育中的诸多问题，不少教师、家长却对此视而不见，或选择性"失明"。他们中的不少人，只是一味重视学习成绩，却不会替孩子着想。视力的衰退，会直接导致学生将来丧失众多职业选择的机会，还会影响其生活质量，甚至直接妨碍他们参与体育运动。中小学生近视问题绝非孤立现象，更非"不足挂齿"的小事，而是关系到一代代人的身心健康和生活质量，某种程度上甚至可以说，学生近视率的高低，可以视作素质教育是否得到有效实施、学生德智体是否得到全面发展的指标之一，因为那种一味苦学、死学的应试教育思维，正是中小学生近视率居高不下的祸首。

第二节 七十多年的"减负战"

"双减"政策的出台展示了党和国家在减轻学生课业负担问题上的极大决心和力度。但正如本章标题所言，减轻学生课业负担实际上是一个老问题。早在中华人民共和国成立初期，毛泽东、周恩来等中央领导同志就注意到了中小学生课业负担过重及其损害学生健康的问题，并多次针对减轻学生课业负担问题做出重要指示。

1950年，毛泽东面对当时学生课业负担过重、身体素质下降的状况，写信给时任教育部部长马叙伦，写道："此事宜速解决，要各校注意健康第一，学习第二。"七十多年过去了，毛泽东同志的"健康第一，学习第二"8个字对于今天的中小学依旧适用。1954年7月，教育部发出通知，要求精简中学物理、化学、生物3科教学大纲（草案），以利于减轻学生课程负担。1955年，教育部发布了《关于减轻中小学学生过重负担的指示》，要求严格按照教科书和教学大纲来掌握教材的分量和授课的进度；加强平时的成绩考核；减轻课外作业的过重负担；改进课外活动；遵守作息时间并规定学校领导必须经常检查了解情况，随时发现及解决问题，纠正偏向。由此可见，"超纲教学""加班加点"在当时就成为学生课业负担过重的重要原因和表现。

1957年，毛泽东要求省、地、市三级第一书记要管好"教材要减轻，课程要减少"一事，把第一书记作为"减负"的第一责任人，充分体现了在"减负"工作上的政治决心。同年2月27日，毛泽东同志在《关于正确处理人民内部矛盾的问题》讲话中，从教育的方向性、根本性方面明确提出："我们的教育方针，应该使受教育者在德育、智育、体育几方面都得到发展，成为有社会主义觉悟的、有文化的劳动者。"这一方针为"减负"工作提供了根本遵循和最终目的，即"减负"是为了更好地培养全面发展的社会主义人才。3月7日，毛泽东在与省市教育厅长、局长座谈中小学教育问题时，再次提出"教材要减轻，课程要减少"。

1964年2月，时任北京铁路二中校长魏莲一给上级写信，建议为中小学生"减负"。这封信以"群众来信"的形式被送至中央。毛泽东亲笔批示："现在学校课程太多，对学生压力太大，讲授又不甚得法。考试方法以学生为敌人，举行突然袭击。这三项都是不利于培养青年们在德智体诸方面生动活泼地主动地得到发展的。"值得注意的是，这除了再次强调了课业负担过重不利于学生发展，还指出了导致学生课业负担过重的因素不仅仅是课程数量多，还包括教学不得法。所以，"减负"工作从来就不是单纯地为了"减"，最终指向的实际上是"增"，提质增效。我这些年在各个场合反复强调的一个观点就是要上好每一堂课。我认为，把学校的课堂教学质量搞上去了，对于学生课业负担问题而言就是釜底抽薪。学校的课讲不明白，课堂教学效果和效率不佳，那必然导致课后打时间仗，搞题海战术（见图1.1），家长不得不送学生去上课外辅导班。

1965年7月3日，毛泽东又给时任中宣部部长陆定一写信："学生负担太重，影响健康，学了也无用。

图 1.1 题海战术标语

图片来源：网易新闻

建议从一切活动总量中，砍掉三分之一。"为了贯彻这一指示，教育部在 8 月 13 日召开各省、市、自治区教育厅（局）长座谈会。会议指出：学生负担过重问题之所以长久没有得到解决，主要是工作中存在形而上学的现象，忽视学生的主动发展。会议提出，认真贯彻毛泽东主席"七·三指示"，必须从实际出发，不同地区和不同学校要区别对待，省、县教育行政部门应对学生的各种活动做统一的调整和安排，中小学课程和教材，必须根据少而精的原则进一步改革。

尽管党和国家领导人很重视，但学生课业负担过重问题始终没有得到彻底解决。因此，改革开放以来，国务院又多次发布有关学生课业负担问题的意见和指示。国家教育行政部门接连多次发布"减负令"，采取一系列措施减轻学生过重的课业负担。1979年2月17日，《中国青年报》发表了社论《重视解决学生负担过重问题》，其中提到中小学部分学生学习负担过重，他们多数在重点班和毕业班。负担过重的学生一般存在"三多""两少"现象，即课时多、作业多、考试多，文体活动少、睡眠时间少。教育部规定中学每周最多不超过29课时，有的学校追加到近40课时。一些小学生的课外作业，要做到晚上10点。有的班级测验、考试频繁。相当多的学生连课间操也不能坚持，不少中学生每天只睡五六个小时。更有甚者，某些地区的学校不放寒暑假，星期日不休息，一年上课达360天。1981年11月26日，《人民日报》刊发了著名教育家叶圣陶的文章《我呼吁》（见图1.2）。在该文中，叶圣陶呼吁社会各界关注中学生在高考压力下负担过重的问题，批判了当时中学和一部分小学片面追求升学率的错误做法。他称这种现象有如"千军万马过独木桥"，令人担忧。同日，教育部召开中小学教育座谈会，讨论如何避免单纯追求升学率的现象，解决学生负担过重的问题。

图1.2 《人民日报》刊发叶圣陶的《我呼吁》

图片来源：人民日报

1982年4月，教育部转发北京市教育局《关于解决小学生课业负担过重问题的几项规定》，提出：一、不搞升学排队，不以此评定学校工作好坏；二、学校进行期中、期末考及平时考查，教育行政部不得搞统考；三、学校必须面向全体学生，对全体学生负责；四、严格按教学大纲、教学计划教学，保证课外活动时间；五、编印教学参考资料要保证质量，严格按出版部门的规定办理；六、保证学生的睡眠时间和每天

1小时的体育活动时间，留适当的家庭作业，假期内不搞补习班。

1983年12月31日，教育部颁发了《关于全日制普通中学全面贯彻党的教育方针，纠正片面追求升学率倾向的十项规定（试行草案）》。文件要求学校不能只抓升学率，忽视对劳动后备军的培养；不能只抓考分，忽视德育和体育，忽视基础知识和能力的培养；不能只抓少数，忽视多数；不能只抓毕业班，忽视非毕业班；不能只抓高中，忽视初中。要严格按照教育部或省、自治区、直辖市教育厅（局）颁发的教学计划开设课程。不要为了应付升学考试，随意砍掉或挤占某些课程，不要按照高考考什么，就只设什么课程。要减轻学生过重的学习负担，要保证学生的睡眠、休息时间和课外体育、文娱、科技活动时间。但文件发出以后，收效甚微。

1988年5月，原国家教育委员会发布《关于减轻小学生课业负担过重问题的若干规定》，其主要内容包括：要求学校严格按照教学计划和教学大纲进行教学，不得随意增加教学内容、教学时数；各学科严格按照教学计划组织教学，按教学计划规定作业，不得以做作业作为惩罚学生的手段；控制考试，不下达考试成绩和升学指标；不任意增加教辅资料；保证学生正常的教学时间和自由支配的时间；控制竞赛；帮助后进生等。与1955年的文件相比，这次聚焦于小学生"减负"问题，除了重申不得"超纲教学"等要求之外，还增加了对于竞赛的管控。

20世纪90年代，原国家教育委员会密集下达了一系列"减负"文件，其中包括：1991年4月16日发布《关于加强中小学学生用练习册、寒暑假作业、辅导材料编写和使用管理的规定》；1993年10月4日发布《关于加强普通中小学教学用书管理的紧急通知》；1994年7月6日发布《关于进一步加强中小学生竞赛、评奖活动管理的通知》；1995年2月27日发布《关于加强中小学复习辅导资料管理的意见》；1995年2月9日，原国家教育委员会联合中国科协发布《关于停办各类学科奥林匹克学校（班）的紧急通知》；1998年2月6日发布《关于推进素质教育，调整中小学教育教学内容，加强教学过程管理的意见》等。这些文件从不同方面提出了一系列减轻学生负担的举措，涉及学生作业布置、教材教辅使用、学生竞赛管控等多个领域。

2000年1月3日，教育部下达《关于在小学减轻学生过重负担的紧急通知》，提出迅速落实减轻中小学生过重负担的六项措施：第一，严格规范中小学生学习用书，加强教学用书和教学用具的管理，中小学开设的每门学科只准使用一本经审查通过的教科书；第二，严格执行国家规定的课程计划，要求学校严格按照规定的课程计划实施教学活动，不得占用学生的节假日、双休日和寒暑假补课，更不得进行有偿上课和收费上课；第三，严格控制学生作业量，严禁用增加作业量的形式惩罚学生；第四，严格控制考试次数，除中考和高中会考外，各级教育部门一律不得组织统一考试；第五，严格控制各种竞赛活动；第六，严格执行素质教育的评价制度。《关于在小学减轻学生过重负担的紧急通知》还要求各级教育行政部门按照规定严格执行"减负"措施。紧接着，1月7日，教育部在北京召开新千年第一个会议——"减轻中小学生过重负担工作的电视会议"，布置了新千年的头件事，那就是切实减轻学生过重负担，全面推进素质教育。

2001年5月29日，国务院颁发《关于基础教育改革与发展的决定》。该决定不仅强调"继续减轻中小学生过重的课业负担",而且指出未来的"减负"重点为"加快构建符合素质教育要求的新的基础课程体系"。该决定颁发10天后,即2001年6月8日,教育部颁布《基础教育课程改革纲要(试行)》。该纲要致力解决在课程内容、课程实施上存在的一系列问题,拉开了围绕基础教育新课程改革而"减负"的序幕。

2004年2月26日,教育部发布《关于学习贯彻＜中共中央国务院关于进一步加强和改进未成年人思想道德建设的若干意见＞的实施意见》。一是明确"减负"着力点是加快课程、教材、评价与考试制度改革。二是提出五个不准:不准把升学率作为判断学校优劣的唯一指标;不准义务教育学校招生举行选拔考试;不准任意增减课程门类、难度和课时;不准占用学生非学习时间组织集体补课;不准依据考试成绩排队。三是明晰"减负"的重点是大中城市学生过重负担。四是从源头做好"减负"工作。

2007年,党的十七大报告指出,更新教育观念,深化教学内容方式、考试招生制度、质量评价制度等改革,减轻中小学生课业负担,提高学生综合素质。

2009年4月22日，教育部发布《关于当前加强中小学管理规范办学行为的指导意见》。该意见要求"坚决纠正各种随意侵占学生休息时间的做法，正确引导家长和社会积极参与，切实把课内外过重的课业负担减下来，依法保障学生的休息权利"。该意见还要求严格执行课程计划；严格规范考试科目与次数，完善评价方法；严格把关招生管理，规范招生秩序等。该意见首次要求各地教育行政部门要根据当地实际情况、不同学段及类型学生的实际需要制定相应的"减负"规定，大大提高了"减负"的针对性。

2010年7月8日，中共中央、国务院颁发《国家中长期教育改革和发展规划纲要（2010—2020）》。这是我国指导2010—2020年教育改革和发展的纲领性文件。该纲要一是明确"减负"的重点在小学；二是把"减负"落实到中小学教育全过程；三是明晰"减轻学生课业负担是全社会的共同责任，政府、学校、家庭、社会必须共同努力，标本兼治，综合治理"；四是从体制机制、课改、招生考试、校外培训、均衡发展等维度全面策划"减负"工作。

2013年3月5日，"加快教育改革，切实减轻中小学生过重课业负担"被首次写进政府工作报告。3月19日，教育部发布《关于开展义务教育阶段学校"减负万里行"活动的通知》，启动了治本与治标兼顾、监督与检查并举的"减负万里行"活动。8月22日，教育部发布《小学生减负十条规定（征求意见稿）》，对小学阳光入学、均衡化编班、零起点教学、不留书面作业、规范考试与等级评价、一科一教辅、严禁违规进行补课、每天锻炼1小时、强化监督等做出了规定。11月15日，十八届三中全会通过《关于全面深化改革若干重大问题的决定》，明确要求"标本兼治减轻学生课业负担"。

2014年3月18日，教育部办公厅下发《教育部办公厅关于开展义务教育阶段学校"减负万里行·第2季"活动的通知》，要求把标本兼治减轻学生过重课业负担作为巡查重点，对"减负"起到了十分重要的促进作用。9月13日，国务院下发《关于深化考试招生制度改革的实施意见》，直面"主要是唯分数论影响学生全面发展，一考定终身使学生学习负担过重"问题，首次从考试招生改革的视角对中小学"减负"进行了全面系统的部署。

2017年9月24日,中共中央办公厅、国务院办公厅发布《关于深化教育体制机制改革的意见》。该意见的重点在于完善义务教育均衡优质发展体制机制,建立以学生发展为本的新型教学关系,改进教学、学习与评价方式,切实减轻学生过重课业负担,严格依照课程标准教学,合理设计作业内容及时间,建立健全课后服务制度,改善家庭教育,规范校外教育培训机构,统筹设计招生考试入学办法等。这标志着中小学"减负"进入教育体制机制改革深水区。

2018年,国家多个行政部门密集发布多份"减负"文件。2月12日,教育部办公厅下发《关于规范管理面向基础教育领域开展的竞赛挂牌命名表彰等活动的公告》,强化对面向基础教育领域开展的竞赛挂牌命名表彰等活动的全面管理。次日,教育部等四部委办公厅联合发布《关于切实减轻中小学生课外负担开展校外培训机构专项治理行动的通知》。该通知不仅全面系统地部署了治理行动,而且明确提出三个坚决:一是坚决查处校外培训机构在考试学科培训中的超纲或提前教学等不良行为;二是坚决查处中小学校违背教学计划、非零起点教学行为;三是坚决查处中小学教师课上不讲，课后到校外培训机构讲，并诱导或逼迫学生参加校外培训机构培训等行为。3月20日，教育部办公厅追发《关于加快推进校外培训机构专项治理工作的通知》加以推动。为了构建校外培训机构管理的长效机制，教育部联合发改委、财政部、民政部、人社部、市场监管总局共同起草了《关于规范校外培训机构发展的意见》，并于8月6日由国务院办公厅正式下发。2018年8月30日，依据习近平同志关于青少年视力健康的指示精神，即我国学生近视呈现高发、低龄化趋势，严重影响孩子们的身心健康，这是一个关系国家和民族未来的大问题，必须高度重视，不能任其发展。教育部、国家卫健委等八部门联合印发《综合防控儿童青少年近视实施方案（征求意见稿）》，其亮点在于明确家庭的责任在于减轻课外学习负担，学校的责任在于减轻课业负担。12月28日，教育部等九部门印发《关于印发中小学生减负措施的通知》（减负三十条），要求规范学校办学行为、严格管控校外培训机构、促进家庭履行教育监护责任。

近两年，国家主要围绕落实"双减"政策发力，多部门下达了一系列配套、补充文件。一个国家的各级政府多个部门七十多年来一直围绕一个问题不断发布专项政令,且屡次要求、反复重申。这一方面体现了党和国家对于这个问题的重视程度之高,另一方面也说明这个问题的攻克难度之大。

第三节 "减负"的"结"为什么久久解不开

从2005年9月开始,《中国教育学刊》连续6期组织"推进素质教育笔谈"。其中,第9期发表了我的《又该呐喊"救救孩子"了》一文。我在文中谈道:八十多年前,鲁迅在他发表的第一篇白话文小说《狂人日记》中就发出了"救救孩子"的呼声,震撼了中国大地。鲁迅是要把孩子从封建礼教中解放出来,让他们幸福地度日,合理地做人。但是,谁也没有想到八十多年后的今天,在封建礼教已经被推翻,孩子本可以幸福地度日、合理地做人的时代,却又要呐喊"救救孩子"。今天的"救救孩子"不是要把孩子从封建礼教中解放出来,而是要把他们从"考试地狱"中解救出来,从沉重的课业负担压力下解救出来;不是为了让他们将来能幸福地度日，而是要让他们在眼前就能过幸福的童年。

在2005年3月的中国教育学会工作会议期间，时任副会长李吉林含着眼泪说："小学生没有时间玩儿，中学生没有时间睡觉，长此下去怎么办？"同年8月，我们开座谈会，很多同志都反映，现在考试竞争愈演愈烈，择校之风越刮越盛，学生负担越来越重，大家都感到忧心忡忡。实际上，我想大多数一线教师、家长都感同身受，也都不满意这种教育状况，但又觉得无法改变。这是一种理性和情感的悖论，似乎是一个死结，无法解开。

为什么难以解开？因为这个"结"不是教育部门自己打上的，而是社会的种种矛盾汇集于此的结果，总体来说是社会的激烈竞争在教育领域的反映。从教育内部来说，也存在着供需之间的矛盾：教育资源不足，特别是优质教育资源严重缺乏，与家长需求形成了矛盾，再加上少子化时代的到来，人们望子成龙心切，于是造成了教育的竞争，种种矛盾最后集中到孩子身上，孩子怎么承受得了！

2007年11月，我在成都市青羊区参加小学生"减负"座谈会。我说要减轻学生过重的课业负担，首先，教师要把每一节课上好，让每个学生听懂、学会，这样就可以少布置课外作业。其次，学校减轻了学生课业负担，家长切勿再增加学生的额外课业负担，不要买那么多课外辅导书，不要上那么多补习班，不要上奥数班。谁想到我话音刚落，一个小学生举手发言。他说："顾爷爷，你说不要上奥数班。但是，不上奥数班就上不了好的初中；上不了好的初中就考不上好的高中；上不了好的高中就考不上好的大学；上不了好的大学，将来毕业就找不到好的工作。我怎么养家糊口啊？"这话出自小学生之口，我真是觉得又可笑又可叹。

说起奥数班，我也算是始作俑者。奥数起源于国际科学奥林匹克竞赛，这是为世界各国中学生提供的一种科学竞赛。第一届国际数学奥林匹克竞赛于1959年在罗马尼亚举行，之后陆续增加了国际物理奥林匹克竞赛、化学奥林匹克竞赛、生物奥林匹克竞赛，后来又增加了信息学、天文学、语言学等奥林匹克竞赛。1986年，我国决定参加国际科学奥林匹克竞赛，原国家教委要求清华大学、北京大学、北京师范大学各选一个班进行集训。当时我正担任北京师范大学副校长，我认为数学不需要仪器设备，比较简单，就决定选择奥林匹克数学班，把它设在北京师范大学附属实验中学。于是我们从各省选拔了十几名数学十分优秀的学生，经过一年集训，第二年参加国际数学奥林匹克竞赛，居然拿到了4块金牌，为国家争得了荣誉。这些学生回国以后，分别被清华大学、北京大学免试录取了。

由于国际数学奥林匹克竞赛得奖能够免试进入清华大学、北京大学，许多中学为了追求升学率，都办起了奥数班。后来许多重点中学为了招收优等生，入学考试也要考奥数。校外培训机构看到了商机，也为小学生办起奥数班来，逐渐成了"全民学奥数"现象。这是我们始料不及的。首都师范大学原副校长、数学家梅向明曾是20世纪80年代奥数班的组织者之一，退休后住在美国，前几年回国时，见到全民学奥数现象，也慨叹不已。他对我说，实在没有想到演变到这个地步。他认为，全民学奥数对学生的发展并非好事。

奥数本身并没有什么不好，但是奥数教育只适合有数学天赋，并且对数学有兴趣的孩子。让所有的孩子都学奥数，不仅增加了课业负担，而且会影响他们其他特长、才能的发挥。有的孩子本来喜欢文学或艺术，被迫学奥数，这是对他们最大的不公。同时，奥数要做一些古怪的题，反而会扼杀学奥数的孩子对数学的兴趣。许多上过奥数班的孩子，后来并不喜欢数学。所以，人人学奥数增加了孩子的负担，影响了孩子的全面发展。

近些年来，大家呼吁停止奥数班，许多地方也明令禁止，但由于各种利益集团的利益驱动，有令不止。改个名字，叫什么数学兴趣班等，名字改了，奥数的性质并没有改变。现在小升初不考试了，但有些名校的入学测试依然存在。我就遇到许多家长，特别是许多不赞成奥数班的家长，开始时"逆潮流而动"，不送孩子上奥数班，但当孩子升入小学高年级，将要升初中的时候，顶不住了，甚至后悔没有让孩子早一点儿上奥数班。问题出在哪里？这值得大家深思。

我觉得这至少反映了许多教育问题的根源并不在教育本身，而是在社会，是社会矛盾在教育上的反映。现在谁不希望自己的孩子享受更好的教育,将来能够考上名牌大学,毕业以后找到一份体面而舒适的工作?父母这种期望是无可非议的,是完全合理的。但是,我国优质教育资源不足以满足所有家庭的需求,所以教育竞争就难以避免。虽然国家明令取消重点学校,也投入大量资金改造薄弱学校,但重点学校已经在社会上生根,在广大家长的心中生根。于是教育竞争越来越激烈,学生的负担也就不可避免地越来越重了。

第二章

为什么反对应试教育

从上一章列举的各部门几十年来治理中小学生课业负担过重问题的各类文件中可以看出,"考试"经常是与学生课业负担问题同时出现的字眼。因此,讨论学生"减负"问题,就不得不谈到另一个话题——应试教育,而这又涉及另一个备受争议的概念——素质教育。

第一节 应试教育是怎么来的

1993年,中共中央、国务院发布了《中国教育改革和发展纲要》,提出:"中小学(教育)要由'应试教育'转向全面提高国民素质的轨道,面向全体学生,全面提高学生的思想道德、文化科学、劳动技能和身体心理素质,促进学生生动活泼主动地发展,办出各自的特色。"从此,应试教育与素质教育作为一组对立的概念，在我国的教育政策中频频出现。但30年来，无论是理论界，还是实践一线，关于什么是应试教育，什么是素质教育，二者是不是替代和被替代的关系，一直争议不断。

一方面，有些人认为，应试能力也是一种素质，有考试就有应试，不能一概否定应试教育，素质教育与应试教育可以并行不悖。在实践中，虽然这是一种讽刺的说法，但也确实出现了"素质教育轰轰烈烈，应试教育稳扎稳打"的现象。另一方面，许多人认为应试教育对于促进社会流动具有极大价值，尤其是对于普通老百姓来说。因此，社会上出现一种说法，素质教育是给优势群体的，对于底层老百姓，应试教育才能带来真正的"实惠"。我有一次在一所大学演讲时批评应试教育，一位大学生就站起来说："我们就是靠应试教育考上了大学，没有应试教育，我们不一定能上得了大学。"

我认为，应该从教育的目的来理解这对概念，即以应付考试为目的的教育就是应试教育，以提高国民素质为目的的教育就是素质教育。从这个角度来说，虽然应试教育这个提法是近几十年的事，但实际上自隋文帝创建科举制度以来,我国的正式教育在很长一段时间内都有着深深的应试教育烙印。而且,作为长期占领中国封建时期主流意识形态的儒学,提倡"学而优则仕",科举制度建立后,我国便逐渐形成了读书、考试、功名(做官)三位一体的教育制度。这种制度摒弃了世袭制和用人唯亲的弊端,它激励庶民百姓通过学习进入仕途,促进了社会流动,相对公平,同时又鼓励读书,尊重知识,促进了社会文化建设,是一种重大的进步。但是,"学而优则仕"明显存在功利主义思想。科举是封建社会庶族,即中小地主阶级子弟入仕的唯一途径,而且一举成名天下知,荣华富贵随之而来,所以社会上广泛形成了"读书做官""做官发财"的思想,所谓"万般皆下品,唯有读书高"。

虽然科举制已被废除了百余年,我们国家也一直宣传"行行出状元",但"学而优则仕""读书做官"的思想至今依旧存在且根深蒂固,高校毕业生热衷考公务员就是典型的表征。据统计,自2009年起,我国中央机关及其直属机构公务员考试(俗称"国考")的报名人数已经连续14年超百万,2022年报名人数更是突破200万,通过资格审查人数与录用计划人数之比约为68:1。我想这与我国工业化没有完成有关。现代教育是现代生产的产物。从世界范围来看，工业革命以后各国才提出普及教育的主张，才需要有文化的技术工人。而我国长期处在小农经济社会，缺乏对技术工人和有文化的农民的需求，过去教育又不普及，能够受到较高程度教育的人从学校出来就走入官场。即便是中华人民共和国成立后，在计划经济体制下，大中专院校毕业生就业实行的也是"统包统分"和"包当干部"制度。所以到了今天，许多人头脑中还是存在"读书做官"的思想。我想，随着我国工业化、现代化和市场经济的发展，这种观念会逐渐改变。

即便"读书做官"的观念在慢慢淡化，也并不意味着应试教育就会随之消亡。科举制度对中国社会的影响还体现在制造了学历主义至上的价值观。科举考试把知识分子一分为二：考取功名的成为人上人，进入统治阶级；落榜的成为人下人，被人统治。鲁迅笔下的孔乙己不就是科举失败者悲惨下场的缩影吗？现在的中考、高考虽然与过去的科举制在本质上是两码事，但都关系着个人的社会资源获得和阶层流动，都属于高利害相关性的选拔性考试。在过去，科举中第意味着"朝为田舍郎,暮登天子堂",如今通过中考、高考同样意味着更容易谋取较好的职业。我国劳动力市场竞争激烈,学历、名校往往被作为用人单位衡量个人基本素质和能力的最重要指标。许多单位的一些工作原本大学本科生或者高职学校的毕业生就可胜任,但招聘的时候非要求硕士或博士。更有甚者,不仅要求高学历,而且要"查三代",审查本科是在哪类学校毕业的。过去的"211"学校、"985"学校,现在的"双一流"学校的毕业生占了极大的优势。至于广大老百姓尤为向往的行政事业单位,学历背景更是重要的敲门砖。这便极大地激发了人们对升学,特别是升入名校的狂热。选拔考试中的激烈竞争最终转化为教育中的竞争,应试教育也就应运而生了。

当代应试教育问题实际上在中华人民共和国成立不久就出现了,当时叫"片面追求升学率"。中华人民共和国成立以后,随着我国生产力的解放、经济的恢复与发展,人民群众求学的积极性尤为高涨。20世纪50年代初期,为了尽快培养经济建设干部,高等教育发展很快,一度出现高校招生人数比高中毕业生还多的情况,加上教育向工农兵开门的方针,高校还从青年工农兵干部中招生，称之为"调干生"（见表2.1）。随着高中教育不断发展，高等学校名额开始限制收缩，到20世纪50年代中期情况发生了逆转，部分小学、初中、高中毕业生不能升学，需要直接参加工农业生产劳动，但是学生、家长、教师的思想准备不足，认为学生去参加工农业生产是大材小用，浪费人才。为此，1957年2月27日，毛泽东在扩大的最高国务会议上的讲话《关于正确处理人民内部矛盾的问题》中提出："我们的教育方针，应该使受教育者在德育、智育、体育几方面都得到发展，成为有社会主义觉悟的有文化的劳动者。"同年3月24日，周恩来在杭州群众大会上讲话，他对中学生说："你们当中有人升入大学做大学生，做高级知识分子，当干部，但是就我们国家的现在条件来说，绝大多数人毕业后要直接参加工农业生产劳动。无论干什么，都是为了建设社会主义。这是你们学习的目的，也是我们办教育的目的。"同年4月8日，《人民日报》根据刘少奇多次讲话整理发表了《关于中小学毕业生参加农业生产问题》的社论。这些讲话和文章都是鼓励知识青年成为普通劳动者。但是，老百姓都希望自己的孩子中学毕业以后能够升入高等学校。于是20世纪60年代就出现了片面追求升学率的现象,而且愈演愈烈。当时教育界对此进行过批判。

表2.1　1949—1965年的高中毕业生数与高校招生数

年份	高中毕业生数/万人	高校（本科、专科）招生数/万人
1949	6.1	3.1
1950	6.2	5.8
1951	5.9	5.2
1952	3.6	7.9
1953	5.6	8.2
1954	6.8	9.2
1955	9.9	9.8
1956	15.4	10.5
1957	18.7	10.6
1958	19.7	26.6
1959	29.9	27.4
1960	28.8	32.3
1961	37.9	16.9
1962	44.1	10.7
1963	43.3	13.3
1964	36.7	14.7
1965	36.0	16.4

数据来源:《中国教育年鉴》编辑部.中国教育年鉴1949—1981[M].北京:中国大百科全书出版社,1984:969,1001.

"文化大革命"十年间我国教育遭受毁灭性的破坏。"文化大革命"以后，随着国家对知识、对人才的重视程度提高，我国教育得以迅速恢复和发展。青年求学的热情更加高涨。1977年恢复高考，当年招生27.3万人，但报考的青年达570万人。当然，这是由于10年未能得到上学机会的青年积聚并且爆发了求学热情。但是随后几年，一直存在着激烈的升学竞争。20世纪80年代初，尽管高中经过调整后毕业生大幅度减少，高等学校招生规模逐步扩大，但是高中毕业生能够考上高等学校的比例仍然很低，这造成中小学的升学率也竞争激烈。有些学校不顾学生的健康，轻视道德教育，加班加点应付考试；有的学校为了提高升学率，押题猜题，忘了培养学生成才的教育本质。前文提到的叶圣陶的文章《我呼吁》就是在这一背景下发表的。

不少地方行政领导也把升学率作为自己的政绩，把考试成绩、升学率作为评价学校和教师最重要甚至是唯一的标准。有的重点学校高考成绩不如往年，校长立马就会被调离岗位。当然，政府官员也受到家长的压力，怕升学率下降了家长不满意。2014年，北京师范大学毕业的免费师范生（现称"公费师范生"）在工作两年以后回来读教育硕士学位。他们反映在北京师范大学学到的先进教育理念和教学方法在地方无用武之地，只要考试成绩高就好。应试教育就是这样被逼出来的。

链接：80年代的"天之骄子"①

20世纪80年代，是知识开始渐渐流行的时代，各式各样的书籍越来越多地出现在书店的书架上，这也让更多的人开始重视高考。千万考生的眼睛盯着全国有限的大学资源和录取名额，用"千军万马挤独木桥"来形容80年代的高考考生，绝不为过。

1981—1985年，高考采取预选考试制度，预选首先就刷掉了一半甚至三分之二的考生，真正能参加最后高考的人都是久经考验的。同时，高考还没有扩招，也基本没有民办高校，本科录取率仅3%~5%，那时候的大学生真可谓"天之骄子"。

"我们当年的大学生，是很'值钱'的，也享受国家分

---

① 刁艳杰.80年代的"天之骄子"[J].走向世界，2017（19）：21-23.

配。一个镇上要是有一两个大学生，那就是非常了不起的一件事情。"1986年参加高考的张耀彬说。在他们那代人的心中，大学是一个很神圣的地方，被称为"象牙塔"，是很多人渴望的地方。高考成为当时中国高中生极为重视的人生洗礼和重要考试。考得好的，便将有成为有学识的人才、享受国家分配的权利。

那时由于高考经验的匮乏，考生们应考的心理准备不足，导致连年出现大量落榜考生，复习班应运而生。"这类人年年离分数线就差3~5分，所以高考成功的诱惑力对他们就很大。"张耀彬说。20世纪80年代没有民营高校，高考录取率比较低，差一分也过不了高考的独木桥。后来，由于复习班的升学比例远超过应届班，所以国家教育部门就取缔了高中复习班。

20世纪80年代的高中实行两年制，课程内容少，考题的信息量远低于现在的试卷，考核的知识面相对较窄，因此猜中题的概率就高。高考前的复习通常是在老师的严格指导下进行，按照老师的思路采取拉网式和重点进攻式的复习和练兵，尤其以练兵猜题为最大特色。所谓猜题主要是指对语文的作文、古汉语段落以及必须背诵的名篇部分进行考试题目预测，其次是政治题，也就是"时事政治题和论述题"。

在那个年代，相较于部分家长尚未重视的态度而言，老师们对考生尤其是对可能考上本科的考生极为关照。有的老师甚至从自己家中拿出资财犒劳学生，恨不能把自己的毕生所学倾注到学生身上。

第二节　反对应试教育是在反对什么

在北京师范大学举办的一次对话活动中，我又提到我反对应试教育的观点，一如既往，有观众站起来说应试教育对他多么重要。当时另一位嘉宾回答他说，应试教育与素质教育是不矛盾的。我立刻接过话筒说，素质教育与考试是不矛盾的，但与应试教育就是矛盾的。

从应试教育的产生背景来看，我们似乎很容易得出这样一个结论：有高利害性选拔性考试，应试教育就有市场。其实不仅仅是中考、高考，现在的研究生招生考试、公务员选拔考试、事业编考试乃至各种专业资格证考试，都同样伴随着应试教育现象。所以，每当有人批评应试教育,就会有人站出来说,人才选拔方式不变,应试教育就不可能变,素质教育就不可能真正得到推进。但大家又确实看到应试教育带来了很多问题,于是很多人就把对应试教育的不满转化为对考试制度的诟病,甚至有些人因此主张取消高考。当然,大多数人是坚决反对这种极端观点的。

我认为,反对应试教育绝不是反对考试,更不是要取消高考。考试在保障教育质量、改进教育教学方面有重要的价值,相对来说,也是广大老百姓最认可的人才选拔方式。"文化大革命"期间就曾取消一切考试,1973年高校恢复教学工作,招生采取"群众推荐、领导批准和学校复审相结合"的办法。结果导致走后门成风,全社会弥漫着"读书无用论"的思想。"文化大革命"结束后,1977年8月,邓小平提出恢复高等学校入学考试的主张。这一举措把"读书无用论"的乌云一扫而光,从此中国的大地上重新响起了琅琅的读书声。所以,高考对于我国社会发展的巨大贡献是不能否定的。(见图2.1)

但是,随着社会的发展,高考的缺点和弊端也逐渐显现出来。考试作为选拔人才的手段,具有公正

图 2.1 1977 年恢复高考的考试现场

图片来源：澎湃新闻

性、公开性的特点，然而它的缺陷也是明显的。首先，一次考试很难考出学生的真实水平，"一考定终身"使得一些真正有才能的学生，可能因为一次失误而遗恨终生；其次，它对教育起到制约作用，容易束缚学生的思想，把他们的学习束缚在应对考试的轨道上；最后，由于我国地区发展差异很大，采取全国统一考试的办法，而各省市的录取分数线又不同，易造成地区间的不公平。为了追求升学率，许多学校让学生在两年内学完高中三年的课程,第三学年围绕着高考反复做题。有的学校提出,学生拿到考卷要"一看就会,一做就对"。有的学校采用军营式管理,不让学生有自由喘息的时间。更有甚者,有些学校把"生时何必久睡,死后自会长眠"(见图2.2)和"只要学不死,就往死里学"这种反人道主义的口号公然贴到教室黑板的上方。

反对应试教育也不是不关注升学率。追求升学率不能完全说有错,一所学校没有让社会认可的升学率

图2.2 雷人标语

图片来源于网络

可以说很难生存下去，没有升学率的素质教育也不可能被社会所接纳。现在说"破五唯"，也只是说破除唯分数、唯升学率的倾向，不是不要分数，不要升学率。反对应试教育真正反对的是眼里只有升学率，只有考试，教育教学工作仅仅围着升学率转，围着考试转。最直观的表现就是升学考试考什么，老师就只教什么，学生就只学什么。当然，评价考试制度改革毫无疑问是推进素质教育的关键性举措，所以在2020年10月，中共中央、国务院印发了《深化新时代教育评价改革总体方案》。这个方案有不少亮点，但实施过程中肯定还会出现许多问题，需要不断探索、调整。而且，评价改革往往是牵一发而动全身，必定不是一朝一夕就能完成的。更重要的是，我们要清楚一点，任何评价制度和评价工具都有其局限性，也不是所有东西都能进行量化评价的。

为什么我们的高考改革改了那么多年，改了那么多次，大家还总觉得有重知识、轻能力的倾向呢？为什么不把考试的重点放在素质教育强调的那些素质上，课标规定的那些核心素养上呢？因为有一个很现实的原因：往往最重要的那些东西是最不好评价的。

所以，无论考试怎么改革，实际上只能改变应试教育所应的"试"的内容和形式，而无法改变应试教育本身。如果我们永远只盯着那些可以纳入考试的内容开展教和学，那么我们的教育就不可能培养出真正的德智体美劳全面发展的社会主义建设者和接班人。我们常说"立德树人"，德育为先，高考再怎么改革，能用考试考出一个人的"德"吗？可以用分数来量化一个人的"德"吗？学生的心理健康教育能用高考这个指挥棒去撬动吗？

所以，应试教育即便能更加"高效"地让孩子考高分、考名校，也并不意味着就能让他们成才，成为有益于国家和社会的人才，他们自己也未必就能过上幸福的生活。当反思大学生给室友投毒等恶劣事件时，我们痛心地发现，这些成绩优异的学生出现道德问题的情况并不罕见，我们不应该好好反思眼中只有考试成绩、升学率的后果吗？

简言之，在素质教育的逻辑里，考试是保障、提升教育质量的工具；而在应试教育的逻辑里，考试和提高升学率就是教育工作要追求的目标本身。实行素质教育需要改革考试招生制度，但是如果教育只是冲着考试去的基本逻辑不变，考试招生制度再怎么改，真正的素质教育也不可能实现。

第三节 人工智能时代的到来与应试教育的末路

前面谈到，许多不同意反对应试教育观点的人都认为对于底层人民而言，应试教育是他们最容易实现阶层向上流动的阶梯。实际上这种观点混淆了应试教育与"读书改变命运"。如前所说，反对应试教育不是反对考试，不是主张取消高考，更谈不上反对任人唯才、不给读书人出路。

为什么许多人会认为是应试教育让自己改变了命运呢？因为在他们看来，应试教育帮助他们考了高分，考上了大学，然后找到了好工作，赚到了更多的钱，取得了更高的社会地位，过上了让更多人羡慕的生活。对很多人而言，这确实是事实。且不论科举年代，就是到了20世纪末，也确实是只要考上大学，尤其是名牌大学，就基本等于人生进了"保险箱"。但是进入21世纪以后，高考成绩越来越不能跟"人生赢家"简单画等号,而且这一现象近年来越来越明显。这并不是说我们又进入了"读书无用"的时代,而是随着市场经济的发展以及产业结构的更新换代,如今年轻人的就业渠道越来越多元,一方面,"行行出状元"正逐渐成为现实并被越来越多的人认可,"人生赢家"日益有了越来越多的"版本",而不是只有"拼学历""吃财政饭"这一条道路;另一方面,随着"统包统分""包当干部"就业制度的变革,现在的大学毕业生需要自己到劳动力市场中去竞聘,综合素质而不仅仅是学历背景越来越成为影响年轻人就业结果的关键性因素。

有研究发现,即便是学术人才培养,高考成绩、学历文凭也并不能很好地预测一个人的发展潜力。例如,清华大学钱学森班首席教授郑泉水2018年在《中国教育学刊》上发表的一篇文章就提出了类似的观点。创建于2009年的清华大学钱学森班是国家"基础学科拔尖学生培养试验计划"中唯一定位于工科基础的实验班。该班每年招收30名新生。前四届(从2009级到2012级)的招生主要由两部分组成。一部分是统考招生,各省高考理工科前十名考生具有申请钱学森班的资格,面试后决定是否被录取;另一部分是二次招生,清华大学所有新生在入学的前三天,都可以报名申请转入钱学森班,在参加为时半天的综合考试并取得靠前的成绩后,经面试决定是否被录取。从2013年开始,钱学森班增加了自主招生这一环节,如2015年获得全国物理竞赛金牌的100名学生中有近20名报名,经面试,钱学森班录取了其中的前10名。此外,在大一和大二阶段,不适应的学生可以休学调整,也可以转到其他班;同时也有其他班同学择优补录入钱学森班。在多数人眼中,这批"优中选优"的钱学森班学生理应成为清华大学学生中的精英。但实践下来,结果并不完全是这样。

郑泉水教授和他的清华大学同事们发现,一大批高考或竞赛意义上的顶尖学生过于关注短期目标(如每次考试的成绩)以及与同学之间的竞争,容易缺乏源于兴趣和志向的内生动力,且长期形成的学习方法、思维方式和价值观具有巨大的惯性,较难改变,即产生了"应试教育后遗症",在大学的学习往往演变成了"高四""高五",甚至还有一些智商超高的天才学生,一直到博士毕业,还只是"高十二"年级学生。这些学生有很大可能考上大学后就泯然众人,浪费了巨大天赋,成为家庭不可言说之痛。

当前,通过高考进入"清北"的学生中,"尽全力"学生为"学有余力"学生的数倍,而前者已经用尽全力了。尤其是高三阶段,他们没有或只有很少的时间和精力去寻找和发展自己的兴趣爱好,去深入思考考试科目以外的东西,而是整天复习那些枯燥无味的东西,还时不时为了保持成绩的稳定而变得更加小心翼翼,不敢试错和创新。

换句话说,高考在让同学们付出沉重代价即固着于应试教育体系下的学习方法、思维方式和价值观并且内生动力匮乏的同时,他们最宝贵的一段年华也浪费在对人生毫无实质性价值甚至多半起坏作用的应试备考中。而且在郑泉水教授和他的同事们看来,即使是学有余力的"学神"们,也常常有下列不利于创新的后遗症:经不起挫折和失败;注重知识的记忆而不是内化,很难实现深度学习。尤其到了钱学森班,不少"学神"一夜之间突然发现自己不再是"学神"了,常常产生很大的挫败感;一直的"第一名"目标变得无法实现,顿时感到"迷茫"。

很多人可能会说,直到最近,各种统计数据依旧显示名校毕业生、高学历人员在劳动力就业市场中更具有系统性优势,这就意味着应试教育的回报依旧是丰厚的。诚然,就业是最大的民生。对于大多数人而言,如果应试教育比素质教育能带来更好的就业,那么应试教育就会更受青睐。这也是喊了这么多年的素质教育,反对了这么多年的应试教育,但应试教育的主导地位一直无法被撼动,而素质教育总是被视作"空谈"的根本原因。然而,随着人工智能的发展,通过死记硬背、大量做题而掌握知识的"人脑"日益被人工智能替代甚至超越,而死记硬背、大量做题恰恰是应试教育的典型特征。人工智能时代的到来,越来越多的传统行业遭到颠覆,越来越多的传统岗位被机器替代。举一个最简单的例子,过去我们去银行办任何业务都需要去人工柜台,而现在我们必须去人工柜台的业务越来越少。一台机器基本上可以办理我们绝大多数人的所有业务。因此,我们完全有理由预测,应试教育的短期回报将不断降低,而长期危害将日益凸显。清华大学的钱颖一教授直言,人工智能将使中国教育的优势荡然无存。他所说的中国教育实际上主要就是指知识本位教育和应试教育。

近段时间,"ChatGPT"的突然爆火引起了人们关于人工智能的热烈讨论。可能在很长一段时间内,大多数人对于人工智能的理解还停留于遥远的未来,但"ChatGPT"的走红一下子让人们意识到未来已来。这款由旧金山人工智能企业OpenAI于2022年11月推出的聊天工具,不仅可以跟人聊天,而且可以妙笔生花,文采斐然地写诗歌、剧本、小说,甚至是写论文、编程、纠正代码错误。很多大学老师看了"ChatGPT"写的论文后,打趣比自己的学生写得还好。麻省理工学院一名学生曾发帖表示,自己用人工智能写作业取得了A等成绩,他还用人工智能帮同学写作业赚了100美元,甚至发帖的这段话也是由人工智能代写的。使用"ChatGPT"作弊的学生如今已遍布全美,几乎颠覆了美国大学教育体系。《斯坦福日报》的调查显示,不少学生匿名承认自己在期末论文中使用了人工智能。

当越来越多的人感慨于"ChatGPT"的"神通广大",惊喜于它的"好用"时,人们也开始意识到一个令人担忧甚至恐惧的问题:越来越多人的工作可能要被这些机器替代。随着人工智能时代的到来,考试分数将越来越不能保证未来,"一切围绕着考试分数转"的应试教育的末路也就近在眼前了。

第三章

校外教育的"越位"
与教育资本化

与过去几十年的"减负令"相比,"双减"政策的一大变化就是由过去主抓校内"减负",转向校内、校外"减负"两手抓。而此次对于校外教育雷霆万钧般的治理也是"双减"政策最引发关注和讨论之处。

第一节 "变味的"校外教育

校外教育是社会教育的重要组成部分。面向青少年儿童的校外教育机构自中华人民共和国成立早期就存在,且一直被党和国家视作发展教育事业的重要帮手。根据许德馨的记载,至1956年,全国各地已经建立起137处儿童校外教育机构。同年6月1日,《人民日报》发表《教育儿童是全社会的责任》的社论,称校外教育机构为"儿童的校外之家""对儿童进行共产主义教育的场所",认为"在整个儿童教育事业中，儿童校外教育机构是不可缺少的一个部分……通过儿童校外教育机构的活动，可以丰富儿童的生活，扩大儿童的眼界，丰富他们的知识，锻炼他们的劳动技能，发展他们对科学、技术、体育、艺术等方面的兴趣和创造才能，培养他们对社会、政治的积极性和主动精神，培养他们的独立活动的能力"。社论同时还指出，随着国家经济建设的发展，各地（特别是城市）应该积极地、因地制宜地建立一些儿童校外教育机构，增加和改善儿童校外机构的设备，加强对儿童校外教育机构的领导，使儿童的校外教育事业更好地建立和发展起来。1985年颁布的《中共中央关于教育体制改革的决定》提出"经过改革，要开创教育工作的新局面，使……学校教育和学校外、学校后的教育并举"。即使在2018年9月10日召开的全国教育大会上，习近平总书记也依旧强调，办好教育事业，家庭、学校、政府、社会都有责任。所以，社会力量、校外机构参与办教育实际上一直是得到鼓励和肯定的。那为什么现在"双减"突然对准了校外教育发力呢？因为近些年，我国的校外教育开始"变味"了。

第一，办教育的主体变了。我们在20世纪末编纂出版的《教育大辞典》中总结了两大类校外教育机构：一是如少年宫、少年之家这样的综合性机构，二是如儿童图书馆、儿童剧院这样的专门性机构。中共中央办公厅、国务院办公厅在2006年印发的《关于进一步加强和改进未成年人校外活动场所建设和管理工作的意见》特别提出，要始终坚持未成年人校外活动场所的公益性质，明确规定由各级政府投资建设的专门为未成年人提供公共服务的青少年宫、少年宫、青少年学生活动中心、儿童活动中心、科技馆等场所属于公益性事业单位，未成年人校外活动场所不得开展以营利为目的的经营性创收。

然而，进入21世纪以来，营利性校外教育机构井喷式发展，并逐渐取代少年宫等传统公益性组织成为当前主要的儿童青少年校外教育机构。根据企业工商信息查询系统"企查查"提供的数据，近10年我国教育培训相关企业年注册量总体呈波动增长趋势：2014年增长率达10年来最高，同比增长81%（见图3.1）；2021年全国有49万家教育培训相关企业。虽然这些企业实际开展的教育培训业务并不都是面向儿童青少年的，但占比绝对不小。而且，社会存在不少没有进行工商注册的"地下"学生校外培训机构。教育部在2018年摸排的中小学校外培训机构就超过38万家。教育一旦跟资本捆绑在一起,许多问题就来了。例如,一些机构为了招生,故意制造"教育焦虑",打出"您来,我培养您的孩子;您不来,我培养您孩子的竞争对手"(见图3.2)这样的广告语。而后文将谈到的提前和超纲教学、扰乱学校教学秩序等问题本质上都源于这些机构为牟利而"抢生意"。

数据说明:
1. 仅统计关键词为"教育培训"的企业
2. 统计时间:2021年3月16日
3. 数据来源:企查查

图3.1 近10年教育培训相关企业注册量(万家)

图3.2 培训机构广告

图片来源：观察者网

第二，教育的内容变了。过去少年宫、少年之家的任务是在课余时间向学生开展品德教育，普及科学技术、文学艺术、体育等方面的知识，培养实际操作技能、技巧，以利于发展多方面的兴趣、爱好、特长以及治理和创造才能，还为学校开展课外活动培养骨干提供经验和资料。民办的各类校外教育机构早些年也主要是开展音体美教育，即所谓"兴趣班"，旨在发展学生的才艺特长，即便涉足文化课也主要是为学有余力的一些同学提供学科竞赛培训。但是，随着近些年一些中小学校将学科竞赛与学校招生挂钩，营利性校外教育机构灵敏地捕捉到商机，前仆后继地加入学科竞赛培训大军中，并为"全民学竞赛"推波助澜。与此同时，许多校外教育机构开始大搞学科应试培训，有些机构还利用现在一些家长的"赢在起跑线"心理，不顾学生成长规律，超前、超纲开展学科教学。这种培训容易让家长和学生在短时间内就收获"肉眼可见"的"进步"，因此非常有市场。有些家长一开始也认为这么做不科学，对孩子不好，结果发现自己孩子在学校按照国家课标按部就班地学习却被那些参加了校外班的同学"弯道超车"了，也只能无奈地给孩子报了班。于是就出现了我们这两年经常谈到的"内卷"问题：原本大家都坐着看戏，突然第一排有人站起来了，结果大家不去制止，而是跟着站起来，最后只能所有人都站着看戏了。

第三，与学校教育的关系变了。孩子要想健康成长，学校教育、家庭教育、社会教育三者缺一不可，但要做到各司其职，既不可缺位也不可越位。其中，学校教育在人的身心发展中起主导作用，家庭教育和社会教育应当配合好学校教育，形成育人合力，而不是彼此拉后腿，更不能取而代之。在过去，无论在国家的有关文件中，还是学术研究中，我们都很明确地强调校外教育机构的定位是配合和辅助学校教育，负责提供补充性教育。如前所述，最初主要是让这些机构来补充学校教育在智育之外其他四育方面的教育资源不足。对于学科类教育活动，校外机构负责"抓两头"：一头是"尖子生培优"，典型的就是学科竞赛培训；另一头是"后进生补习"，为那些在学校学习中"跟不上大部队"的学生提供补习。学校实行班级授课制，而且过去很多都是大班，课堂教学很难照顾到学生的个体差异，所以校外的学科类教育活动原本可以在因材施教方面为学校教育助力。

但是如前文所述，在资本运作下，营利性校外教育培训机构如今跟学校抢学生、抢活干，更有甚者，有些学生在学校上课时间请假出去上课外班。虽然现在大家还是习惯性地称校外机构为"补习班"，但实际上很多早就不是"补习班"，而是"拔苗班"。学校原本按国家课程标准开展教学，结果有些学生已经在校外机构提前学了，学校的课就不愿意听了，而且有些孩子学了，有些孩子又没学，学校老师该如何授课？几年前，我在某市与几位小学校长座谈。校长们向我诉苦，说学校现在都被校外教育培训机构"绑架"了，几乎全市的小学生都在课后上培训班，参加小升初的竞争。我当时觉得奇怪，小升初不是就近入学，不用考试了吗？为什么还有这样的竞争？校长们告诉我，虽然小升初不用考试，但有一个口子，即可以招收少量的所谓特长生，于是家长们都想通过特长生的渠道进入所谓的优质学校。另外，前些年民办学校招生完全不受区域限制，可以跨区"掐尖"，也造成考试竞争。再有，许多优质中学都设有所谓的"实验班"。这种"实验班"是在学生进校以后通过考分决定的，考分高的上"实验班"，考分一般的上"普通班"，实际上是过去快班和慢班的翻版。一位家长告诉我，孩子如果不上课外班，到初中就会被分到"普通班"，而学校对"普通班"不重视，不给分配教学水平高的老师。校外机构就这样乘虚而入，闻风而上，带着学生刷题、搞应试训练，给学校推进素质教育带来很大的阻力。所以，现在校外机构不仅越来越不能帮学校分担子，而且在破坏教育生态，成了扰乱学校教育的一大因素。

第三章 校外教育的"越位"与教育资本化

营利性校外教育机构的越位扩张，导致我国中小学教育变成了两轨制：一轨是学校的免费义务教育，另一轨是收取高昂费用的校外机构的教育培训。这不仅冲击了学校教育秩序，而且扩大了教育不公平；不仅增加了学生的课业负担，而且增加了家长的经济负担。中央电视台2020年发布的《中国经济生活大调查》显示，教育培训已高居我国居民消费排行榜首位，占比达32.44%，超过了排名第二的住房支出。而无论是日常观察还是系统调查，都表明家庭的经济实力与孩子校外教育培训支出呈现明显正相关关系。此外，校外机构出于市场运作需要，将大量资金用于营销。这笔教育活动之外的额外支出必然挤占对于教育活动的投入，加之校外机构在师资聘用上不像学校受到诸多国家规范性政策的限制，因此其办学质量其实是存在诸多风险的。还有些"地下机构"甚至连教学场所都存在安全隐患。所以，对校外教育机构做出整顿，已经成为国家促进教育健康、有序发展必须做的一件大事。校外教育机构如若得不到规范治理，许多其他教育改革举措都将难以推进。

链接:"高烧不退"的校外补习班[①]

2010年,虽然儿子还在读小学四年级,但北京市海淀区的李女士感觉自己在孩子教育上是一个"落伍者"。一个月前,她从几个教师朋友那里得知一些升学"内幕"后,以最快的速度为儿子报了英语、奥数、作文和钢琴等5个寒假补习班。

……校外补习班持续"升温"。原北京市教委对"小升初"三令五申免试和就近入学,不允许任何形式的校外培训与升学挂钩。但是,在暗访中记者发现,各种校外补习班仍很活跃。在北京市海淀区和盛嘉业大厦的智康教育"小升初"报名点,记者看到,10多位接待人员忙着向家长推介各种提高班,100多名前来报名的家长排着长长的队伍。

场面如此火爆的不只是和盛嘉业大厦。1月12日,记者走进北京学而思教育集团大钟寺教学点。正对着接待大厅门口的一台取号机忙个不停:刚"吐"出一个号,又接着"吐"下一个。大厅门口左侧的一排电脑前,家长们忙

[①] 柯进,李小伟."高烧不退"的校外补习班[N].中国教育报,2010-02-08(001).

第三章 校外教育的"越位"与教育资本化

着查询相关报班信息。接待人员透露，由于临近期末，现在来报名的大多数是提前报寒假班和春节班的家长。因公司同时开通了网上报名和现场报名两条渠道，所以许多班已经提前满员，只等着开班。

究竟有多少孩子在上校外补习班？中鼎大厦前台服务人员介绍，除了期末，一年到头，几乎每天进入中鼎大厦来补习的孩子，都有三四百人。而记者细数接待大厅墙上的学而思教学点分布图，仅北京城区，像中鼎大厦这样的教学点，学而思就设了四十余个。

调查中记者发现，目前北京校外培训班种类繁多，既有音乐、美术、体育、舞蹈等各种艺术特长班和兴趣班，也有从学前教育到高中各科的补习班、冲刺班，但规模最大的还是针对升学的学科补习班或冲刺班。学而思大钟寺教学点一位接待人员坦承，虽然他们也开设了钢琴、美术等特长班或兴趣班，但相对于针对性很强的学科补习班而言，还是相对较冷。

"现在，学校教师不敢给学生补课，家长们就把孩子送到外面培训班补习。大家都在补，我的孩子如果不补，就会掉队，因为升学是要看孩子成绩的。"在和盛嘉业大厦，学生家长杜先生说，"现在城市孩子都是独生子女，我们做家长的,不管经济状况怎么样,没有条件也要创造条件,使孩子能跟其他孩子站在一条起跑线上。"

杜先生说:"为了让儿子两年后能上一所好点的初中,这学期我给儿子报了英语、奥数、长号、作文、电脑等6个校外培训班,如果将课外学习资料计算在内,总共花了9 000多元。"

实际上,除了这笔补习费之外,由于这6个校外培训班比较分散,上课时间又各不相同,平时工作经常加班的杜先生最后只好每月花450元,聘请小区的一位司机代为接送。如果将这2 700元接送费算入其内,杜家在过去的这半年里,为儿子的校外培训已花销了近1.2万元。而仅儿子校外补习班的开支,对于夫妻均为普通工薪阶层的杜家,相当于全家3个月的收入。

调查中记者了解到,目前,北京市场上不同科目培训班的收费五花八门。比如,少儿类的英语培训费,一般每小时在45元至80元之间,一些人气较旺的所谓"牛校",每小时培训费高达200元。最近,新东方教育集团针对高三学生的寒假10天青少精英班,学完需1.98万元。

其他课程补习班也不例外。北京学而思教育集团工作人员表示,以语文、数学、英语这几门科目为例,从小学到高中，除了提高班、精英班等所谓的高级训练班，每门课程一般班次的培训班，每小时费用为45元。一个孩子要学完一门课程，一般得花2 000元至6 000元。

记者在英孚教育、华尔街英语、新东方、明师学校等培训机构通过随机调查20多位家长发现，超过80%的家长声称，他们每年为孩子的校外补习开支过万元。

第二节　教育行业绝对不能资本化

1985年5月，中共中央发布《关于教育体制改革的决定》，提出"鼓励集体、个人和其他社会力量办学"。此后三十多年来，各种社会力量出于不同考虑，相继进入我国教育领域，逐渐发展建立起了多层次、多类型和大体量的民办教育体系。但是近年来，关于民办教育何去何从的问题在我国引起了很多争论。尤其是《中华人民共和国民办教育促进法（修订版）》（下称《民办教育促进法》）颁布后，社会上有些声音认为我国在限制甚至打压民办教育。虽然大家在这个话题中主要谈论的是民办学校，但广义来说，校外教育培训也属于民办教育的一部分，民办学校面临的政策约束同样适用于它们。而这次的"双减"政策则直指校外教育培训，对于这个行业的冲击更是不言而喻，因此引发很多讨论。不少人称中国的民办教育、校外教育培训行业进入"寒冬期"。有些人担忧近些年的这些政策举措是否会影响社会力量、社会资金进入我国教育领域的信心和热情。

我认为有必要声明的一点是，我们国家对于社会力量参与办教育的整体性鼓励立场是没有变的。我国民办教育的发展有其特定的背景。一方面，改革开放之初，民办学校因国家教育投入不足而兴起。即便到了今天，我们也依旧是一个拥有巨大人口规模的发展中国家，就现阶段而言，完全靠政府力量对教育事业大包大揽是不符合实际的。社会力量参与办教育有助于缓解政府办教育的压力。我国能在短短 20 年内就全面普及义务教育，民办教育在其中做出的贡献是应该受到认可的。另一方面，社会力量参与办教育也能更好地满足人民对教育多样化的需求。有一批民办学校办得很有成绩，成为社会上认可的名校。即便是校外教育培训机构，如前面提到的，客观上也确实弥补了学校教育资源的一些供给不足，尤其是在"培优""补习"以及学生文体兴趣特长发展方面，对我国的教育普及和提质都是有所助力的。也正因如此，《国家中长期教育改革和发展规划纲要（2010—2020）》肯定了"民办教育是教育事业发展的重要增长点和促进教育改革的重要力量"。《民办教育促进法》也明确提出国家对民办教育的方针首先是积极鼓励和大力支持。

但是我们应当看到，民办教育在发展过程中也出现了一些乱象。例如，有些民办学校曾利用政策优势跨区提前招生，挤压公办学校的办学空间，破坏公平竞争的教育生态。有些民办学校用高薪到公办学校"挖名师"，使公办学校的优质师资严重流失。有些民办学校以炒作升学率获得市场竞争力，助长唯分数、唯升学风气，阻碍素质教育的推进。有些民办学校甚至成为一些房地产开发商哄抬房价的工具。2013年，全国人民代表大会常务委员会对《民办教育促进法》进行了修订，以进一步规范民办教育。其中，第三条特别强调我国的民办教育事业属于公益性事业，是社会主义教育事业的组成部分。因此，我国的民办教育不是要不要的问题，而是如何健康、有序发展的问题。其中，关键性的一点就是要防止教育资本化。

在教育行业引入民间资本跟教育资本化是两码事。如前所述，鼓励社会力量、民间资本参与办教育即便到了今天也依旧是有许多积极意义的，是必要的。但是，我认为教育行业绝对不能资本化。所谓的教育资本化，最简单的表现就是遵从资本逻辑而非教育逻辑办教育，教育中的决策由资本力量说了算。资本的本质是逐利、剥削和扩张，追求剩余价值。如果单纯从利润最大化来说，教育质量未必会成为决策者最先考虑的问题，他们更关心的将是成本收益、边界收益。例如，在生师比和教师薪酬待遇的决定上，资本逻辑考虑的是生师比、教师薪酬待遇控制在哪个水平上，学校的经济创收会最大。而从教育的逻辑来说，我们应当关心的是生师比控制在哪个水平上，教学效果会最好，教师薪酬待遇控制在哪个水平上，我们能兼顾师资的数量与质量。当然，办学质量上去了也有利于招到更多的学生，在收费上也有更大的议价权，但是资本逻辑还需要权衡相对于成本的"性价比"，可能最后会选择"薄利多销"。然而，办教育过程中很多问题是不能打这种算盘的，我们既不能把教育服务当成普通的商品,更不能把学生当成商品。

另外,资本总是倾向于垄断。近些年,有些民办学校、校外教育培训机构,并不是靠提升办学质量去赢得市场,而是用资本手段,通过挖名师、"买尖子生"的方式去挤垮其他学校以形成垄断,最终实现自己的"长远收益"最大化。这就是典型的资本逻辑办教育、教育资本化的表现。这种恶性竞争无法提高任何一方的教育质量和效率,只会破坏教育生态,损害学生和家长的利益。而且,发展教育既有个人目的也有社会目的。如果由资本决定教育,教育发展只为办学者个人的经济利益服务,教育的诸多社会功能将被严重破坏。所以简言之,教育行业可以引入民间资本,也可以适当引入市场机制,但是绝不能让资本凌驾于教育规律之上,不能让资本成为教育行业的舵手。

2024年2月8日,教育部发布《校外培训管理条例(征求意见稿)》(以下简称《条例》)。一时间,大量类似于"校外培训又能干了?"的自媒体文章席卷全网。唱衰或是不理解"双减"的人可能一看这些标题,压根不认真研读文件原文就将之臆断为朝令夕改。实际上,"双减"以来,党和国家从来没有说过"校外培训不能干了",而是要让校外培训"回归初心",并且一以贯之地贯彻着"双减"精神。例如《条例》第三条规定校外培训工作要坚持中国共产党的领导,贯彻国家的教育方针。这也就是前面刚说的必须党领导教育,而不能让资本领导教育。二是规定校外培训应成为学校教育的有益补充。第十条还指出"校外培训应当安排在培训所在地中小学教学时间之外的时间,不得占用国家法定节假日、休息日及寒暑假期组织义务教育阶段学科类培训。"这都明确了校外教培的定位必须是校内教育的补充,而不是竞争和替代,并且不得侵占学生应有的休息时间,增加额外负担。

链接:这是做教育,还是做生意[①]

当下,源源不断的热钱涌入教育培训行业,在线培训市场更是火热异常。数据显示,2020 年,中国基础教育在线行业融资额超过 500 亿元,这一数字超过了行业此前 10 年融资总和。

---

① 丁雅诵.这是做教育,还是做生意[N].人民日报,2021-3-18(12).

然而，无论是线上还是线下，在资本的驱动之下，不少培训机构采取商业化营销模式，做广告、拼低价，甚至用收来的学费做投资、做投机。还有个别机构采用"白条""教育贷"等金融手段促销、吸引学员。有一些商业平台推波助澜，为了经济利益，对培训机构广告大开绿灯，甚至鼓励和引导它们竞相投放，其中不乏夸大宣传和虚假广告。

校外培训是做教育而不是做生意，不能套用商业逻辑，这是必须明确的一条底线。涌入校外培训的巨额资金去向何处？一方面是广告投放。从综艺晚会，到公交车站、楼宇电梯，再到微信、短视频等网络平台，校外培训广告可谓铺天盖地。另一方面是大量低价课程。"20元26课时，再送教辅材料"，而且大多是语文、数学、外语等学科类培训。

虚火之下，资金链断裂、爆雷跑路的现象时有发生。就在不久前，在线教育企业"学霸君"宣布倒闭，优胜教育也承认公司资金链断裂。企业"一倒了之"，后果却由学生家长来承担，不仅课程被迫暂停，缴纳的培训费更是无处可寻，最终降低了行业整体的信誉度。"一些培训机构为了占领行业主导权，以赔钱模式运营，目的是挤垮中小机构。而恶性竞争的同时，培训机构自身也面临经营风险，一旦融资跟不上，资金链断裂，企业可能迅速倒闭，导致群众预收费无法退回，损害群众的利益。"教育部基础教育司相关负责人表示。

第四章

"双减"政策的目的和落实

"双减"政策一经发布就引起不少舆论讨论。赞成者很多,唱衰者、抵触者也不少。有些家长担心减轻作业负担会影响孩子的学习成绩;有些学校的校长、教师则担心影响教学质量,更确切地说是担心影响学校的升学率;而对于校外培训机构从业者而言,这项政策直接关乎他们最切身的利益,甚至生存问题,他们的负面情绪更可以预见。除此以外,人们更加疑惑的是,这项政策能否落实,或者说该如何落实。

第一节 "双减"是贯彻新时代党的教育方针的具体举措

习近平总书记在党的十九大报告中指出:"经过长期努力,中国特色社会主义进入了新时代,这是我国发展新的历史方位。"这开启了全面建设社会主义现代化国家新征程。2019年3月18日，习近平总书记在主持召开学校思想政治理论课教师座谈会上，全面系统地提出了新时代党的教育方针：坚持马克思主义指导地位，贯彻新时代中国特色社会主义思想，坚持社会主义办学方向，落实立德树人的根本任务，坚持教育为人民服务、为中国共产党治国理政服务、为巩固和发展中国特色社会主义制度服务、为改革开放和社会主义现代化建设服务，扎根中国大地办教育，同生产劳动和社会实践相结合，加快推进教育现代化、建设教育强国、办好人民满意的教育，努力培养担当民族复兴大任的时代新人，培养德智体美劳全面发展的社会主义建设者和接班人。"双减"的根本目的就是贯彻这一基本方针。

首先，党的教育方针强调必须坚持社会主义办学方向。如前所述，校外教育培训机构无序发展的不良后果之一就是教育资本化倾向日益明显，教育系统日渐呈现"双轨化"，破坏教育公平，使教育沦为强化代际传递而不是阻断代际传递的工具，有悖社会主义基本方向。而"双减"以前所未有的强硬态度，要求现有学科类培训机构统一登记为非营利性机构，规定学科类培训机构一律不得上市融资，严禁资本化运作；上市公司不得通过股票市场投资学科类培训机构，不得通过发行股份或支付现金等方式购买学科类培训机构资产；外资不得通过兼并收购、受托经营、加盟连锁、利用可变利益实体等方式控股或参股学科类培训机构。此外，"双减"提出要严格控制资本过度涌入培训机构，培训机构融资及收费应主要用于培训业务经营，坚决禁止为推销业务以虚构原价、虚假折扣、虚假宣传等方式进行不正当竞争，依法依规坚决查处行业垄断行为。此外，"双减"明确规定，培训机构不得高薪挖抢学校教师。这一系列举措的目的都是要给教育行业中的资本这匹野马套上缰绳，让教育为人民服务，而不是为资本服务，保证是党领导办学方向，而不是资本领导办学方向。

其次，党的教育方针强调落实立德树人的根本任务，目标是培养担当民族复兴大任的时代新人，培养德智体美劳全面发展的社会主义建设者和接班人，途径是坚持教育与生产劳动和社会实践相结合。学生的所有精力都被用于写作业、刷题、应试，教育怎么与生产劳动和社会实践相结合，还谈什么"五育并举"？学生连睡眠都保障不了，也没有时间锻炼身体，都成了手无缚鸡之力的"文弱书生"，还怎么担当民族复兴大任？许多学生"两耳不闻窗外事，一心只想考第一"，不关心国家大事，不关心社会发展，崇尚"分数至上"导致思想品德滑坡。有的学生由于功课压力大，完成不了铺天盖地的作业，逐渐丧失学习兴趣和信心，转而沉迷于网络、游戏，干脆不学习了。有些"好学生"把竞争作为其学习的目的，遇到挫折就极易崩溃。这样的学生可能成为社会主义建设者和接班人吗？

我们国家强调减轻学生负担，强调了几十年却一直没减下来，从治理的角度来说，有一个重要原因就是一直缺乏硬性的规定，发布的都是一些软性的原则，于是到了下头就层层打折、阳奉阴违。针对这一问题，这次的"双减"政策就给出了一些非常硬性而且具体的规定。例如，要求学校确保小学一二年级可在校内适当安排巩固练习，但不允许布置家庭书面作业；小学三至六年级书面作业平均完成时间不超过60分钟，初中书面作业平均完成时间不超过90分钟。校外培训机构不得占用国家法定节假日、休息日及寒暑假期组织学科类培训。线上培训每课时不超过30分钟,课程间隔不少于10分钟,培训结束时间不晚于21点。可能有些人会觉得这样做是"一刀切",但是在对待久治不愈的顽疾上,有时候就得"先刮骨再疗伤"。

最后,从办好人民满意的教育出发,"双减"还针对近些年出现的一系列"人民不满意"的问题提出了相应的治理要求。例如,要求学校确保作业难度不超国家课标,严禁校外培训机构超标、超前培训;不得要求学生自批自改作业;严禁给家长布置或变相布置作业,严禁要求家长检查、批改作业;培训机构收费项目和标准向社会公示、接受监督等。

第二节 "双减"的根本目的是让教育回归本质

从政策的角度来说,"双减"是为了贯彻党的教育方针,而从更根本上说,是为了让教育回归本质。大家经常喊:"教育要回到原点。"但教育的原点在哪里呢?这关乎的其实是教育的本质问题。这个问题在我国争论了几十年。

改革开放之初，教育界的思想解放就是从关于教育本质的讨论开始的。1978年，时任中国社会科学院副院长于光远在一次教育座谈会上提出：教育这种现象中，虽含有上层建筑的东西，但不能说教育就是上层建筑，后来形成文章《重视培养人的研究》，发表于《学术研究》1978年第3期。于是，有关"教育本质"的讨论就在全国教育界迅速展开。当时，讨论以学术期刊《教育研究》为主论坛，全国各类报刊自1978年至1996年发表讨论文章约300篇，但名谓"教育本质"的讨论，其实大多数文章谈到的是教育的本质属性问题，而且提出的观点虽多种多样，却有一个共同特点，那就是几乎都没有脱离教育工具论的藩篱。

关于"教育本质"的讨论，实际上是对教育价值和功能的反思。中华人民共和国建立以来一直到"文化大革命"结束，教育一直被视为上层建筑、"无产阶级专政的工具"。也就是说，教育的功能主要是为政治服务。十一届三中全会上中央决定摒弃"阶级斗争为纲"的提法，提出以经济建设为中心，实现四个现代化。此后，我们又开始强调教育的经济建设功能。

1985年《中共中央关于教育体制改革的决定》提出"教育必须为社会主义建设服务,社会主义建设必须依靠教育",为我国教育事业的发展明确了方向,使我国的教育事业重新走上了正常的轨道。这是思想解放的伟大成果,也是教育价值观的巨大转变。但是这种对教育的认识仍然片面强调教育的社会功能,依旧是从"工具理性"出发来理解教育的,忽视了人的发展的功能,忽视了教育是人的基本权利。教育有上层建筑的属性,但教育为政治服务也好,为经济建设服务也好,都要通过人的个体的发展。没有个体的发展,也谈不上教育社会功能的实现。然而,教育界"以人为本""人的发展"的思想一直受到批判。直到党的十六大以后,"以人为本"的思想才逐渐成为教育界共识。

  教育是每个人的权利,更是儿童发展的权利。1989年11月20日,联合国第44届大会通过第25号决议——《儿童权利公约》。《儿童权利公约》明确提出,儿童具有生存权、受保护权、发展权、参与权。发展权指充分发展儿童全部体能和智能的权利,儿童有权接受正规和非正规教育,以及有权享有促进其身体、心理、道德和社会发展的生活条件。《儿童权利公约》宣布,"应以儿童的最大利益为一种首要考虑",从而确立了"儿童第一"的原则。但是,长期以来我国的教育界没有"儿童第一"的思想。我们发展教育往往最忽视的就是儿童的需要,把成人的意愿强加于他们,忘记了促进儿童自我发展这个最根本的目的。学校关心的是自己的升学率及其能带来的一系列荣誉;家长关心的是孩子能否让自己"长脸",能否"光宗耀祖";政府官员关心的是如何让教育成为助力自己升迁的政绩;而一些社会教育机构说是办教育,其实就是做生意,关心的只是如何赚到家长口袋里的钱。

我认为,如果从生命发展的视角来说,教育的本质可以概括为:提高生命的质量和提升生命的价值。对个体来说,教育提高生命的质量,就是使个体通过教育,提高生存能力,从而能够生活得有尊严和幸福。也就是说,对于个体而言,教育的最终目的是让受教育者感到有尊严、感到幸福。经济合作与发展组织2015年和2018年两轮国际学生评价项目的调查结果都显示,我国学生总体幸福感水平低于该组织成员的平均值,而且高幸福感学生占比较少。实际上,即便没有这种系统性的调查数据,就我们的日常经验来说，也不难感知到现在的学生有多苦。很明显，"双减"的一个重要目的就是要让我们的教育别再那么苦了。但是很多人会说，现在让孩子多吃点苦，恰恰就是为了让他们未来能过上有尊严而幸福的生活。而且我们也经常说，中华民族的优秀传统美德之一就是吃苦耐劳。我觉得这是对吃苦的"苦"有误解。

让孩子刻苦学习，培养孩子能吃苦的品质都没有错，但这跟让孩子遭受痛苦是两码事。1990年，时任国家教委基础教育司司长陈德珍拿了北京第一师范学校附属小学开展快乐教育的实验材料给我看，问我对他们这种实验是否肯定。我说任何教育实验都应该支持，快乐教育的实验更有意义。学生学习不快乐，不乐于学习怎么能学得好？因此，提倡快乐教育是有必要的。我后来又看到几所学校的材料，全国有7所小学开展类似的实验研究，有的叫"愉快教育"，有的叫"乐学教育"。陈德珍司长把这7所学校召集起来开了一次研讨会。后来，这7所小学成立了协作组，每年轮流坐庄开了多次研讨会，对快乐教育的理解逐渐深化，实验取得很大成功。他们的大多数会议我都参加了，在会上还发了言，写了文章，支持他们的实验研究。

但是对快乐教育的提法不是人人都赞成的,当时反对的意见非常强烈,特别是来自重点中学的校长和教师,反对得尤为激烈。他们认为,学习要刻苦,怎么能快乐。即便到了今天,也时不时有人抨击快乐教育,甚至上纲上线地说"鼓吹快乐教育是西方的阴谋",目的是"麻醉中国人"。除了一些刻意扭曲快乐教育本意以博人眼球者,我想大多数反对快乐教育的人主要是因为他们不了解快乐教育的实质,把快乐教育等同于放纵学生,把快乐教育和刻苦学习对立起来。所以,当快乐教育刚提出的时候,我就提出要在理论上说清楚,快乐教育的实质是什么,开展这项实验研究的宗旨是什么。关于这个问题我在当时写过两篇文章,一篇名为《"愉快教育"值得提倡》,发表在《上海教育》小学版1990年第10期上;另一篇名为《"快乐教育"的实质是使学生在德智体诸方面生动活泼主动地发展》,发表在《北京教育》1992年第1期、第2期合刊上。文章的标题就把愉快教育的实质点出来了。

从心理学的理论来说,快乐和刻苦属于两种不同的心理品质,快乐是属于情感的心理品质,刻苦是属于意志的心理品质,两者没有对立矛盾的关系。刻苦的动力有多种：有高远的理想，如"志存高远"，力争做一番事业；为了反抗压迫，如身处逆境的一些伟人，靠意志的支撑，刻苦奋斗，取得伟业；为了克服某种困难，如登山运动员，在艰难的环境中攀登高峰；也有因为兴趣、爱好而刻苦钻研的。孔子曾说过："知之者不如好之者，好之者不如乐之者。"（见图4.1）可见，把快乐教育理解为不严格要求是没有

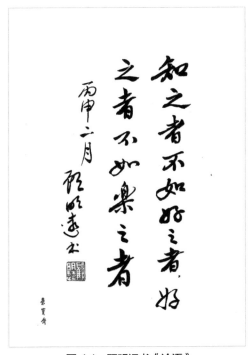

图4.1　顾明远书《论语》

道理的。相反，快乐地学习会激发学生的学习兴趣，促进学生自觉地、主动地刻苦学习。这种学习要比被动"刻苦"学习的效率高得多。我们要看到，"双减"并不是放任自由，而是反对"打时间仗"，要求减少甚至取消那些重复、机械、磨灭学生学习兴趣、打击学生积极性的无效作业。

我常说"没有兴趣就没有学习"（见图 4.2）。对此也总有人不赞成，他们认为学习不能完全凭兴趣，因为学习本身就是苦的。但实际上，求知欲是人的天

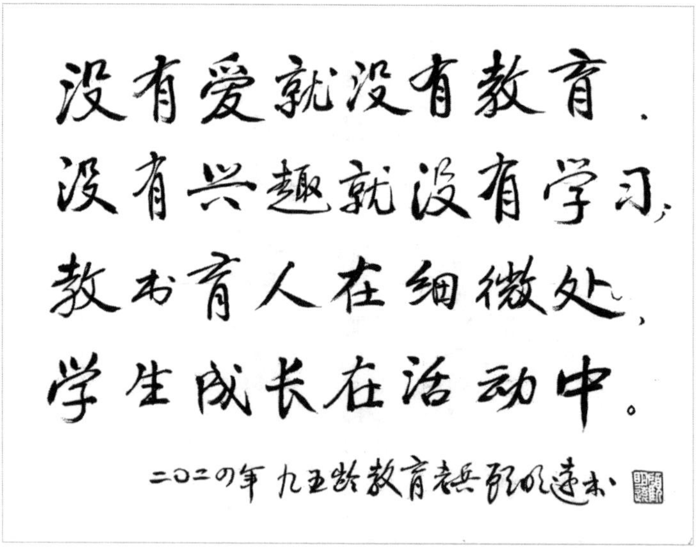

图 4.2　顾明远书"没有兴趣就没有学习"

性，而且按照心理学中的"需要层次理论"，认知的需求是人类的一种高层次需求。这种需求得到满足后，给人带来的是一种比吃喝玩乐更加高层次的幸福感。我们之所以会刻板地认为学习是苦的，是因为我们把一件本来可以快乐的事变成了痛苦的事，并且坚信学习就应该是痛苦的。教育应该让孩子爱上知识、爱上学习，而不是让他们痛恨知识、痛恨学习。教育的第二个功能是提升个体的生命价值，使个体通过教育，提高思想品德素养和才能，从而能够为社会、为他人做出有价值的贡献。人人都要实现人生价值。人生价值就是要对社会、对人类、对自然做出一点贡献。在人类社会中，孤立的自我价值是不存在的。这就又回到功能性问题了，并涉及另一个理论问题——教育的价值观问题。

教育的价值观问题也是一个十分复杂的问题。黄济教授在其著作《教育哲学通论》中详细分析了中外哲学家对价值和教育价值论的观点，从马克思主义关于价值"是从人们对待满足他的需要的外界物的关系中产生的"的命题出发，提出教育价值"就其最基本方面而言，不外从社会需要来论述教育价值或从人的发展来论述教育价值，或者二者兼而有之"。其实，我们所说的教育工具性，也就是教育价值论的具体表现。但是，不同社会、不同群体都有不同的教育价值观，如何平衡而统一到教育本体性来，却是一个十分复杂的问题。石中英教授在北京明远教育书院第二次学术沙龙上谈到中国当前教育改革的价值取向时提出，未来我国教育改革的根本价值取向应当坚持"为人民服务"，体现中国特色社会主义教育的性质，在更高层面上对当前一些相互冲突的价值取向如国家主义与个人主义、经济主义与人文主义、精英主义与民主主义、普遍主义与特殊主义等进行超越。面对实践当中的各种价值取向，石中英提出"价值平衡"的策略。这对当代教育价值论问题的进一步深入讨论具有重要的意义。

我非常同意石中英提出的"为人民服务"是未来我国教育改革的根本价值取向和"价值平衡"的策略。石中英是从教育改革的各个环节来讨论教育的价值取向的。如果从国家、社会、学校、家庭来说，教育的价值取向更是多元的。但是，从一个国家、一个民族来讲，总有一个主流的价值观。我认为，中华民族绵延5 000年来有一个主要的教育价值观，就是集体主义价值观。

《大学》中提出的"修身、齐家、治国、平天下"的理念，就是中华民族的主流价值观，也就是中华民族的教育价值观。把个人与家庭、国家，甚至整个世界的利益统一起来，这是其他国家所没有的。这是"平衡价值"的基础。中国特色社会主义核心价值观也是在中国优秀文化传统的基础上发展起来的。中国特色社会主义教育价值观应该与社会主义核心价值观相一致。而教育价值观的核心应是习近平总书记所说的"以人民为中心""奉献祖国"。这种教育价值观在前文提到的新时代党的教育方针中有充分体现。在这个大前提下，社会各种机构团体、各类学校、各个家庭都可以有不同的教育价值取向（即对人才的要求）。例如，科研机构持精英主义价值取向（要有科研能力、拔尖人才），工农生产单位持技术主义价值取向（要有高技术水平的工匠），文艺团体持人文主义价值取向（要有人文素养、丰富的情感）。家庭也可能因各自环境、条件不同持不同的价值取向，但都要在核心的教育价值观的前提下取得平衡。

目前的问题是，许多学校和家长的教育价值取向偏离了核心教育价值观，个人主义、功利主义以及经济主义等教育价值观占了上风，结果受伤害的首先是受教育者。长远来说，社会的进步、民族的振兴以及人类的和平与发展也会受到消极的影响。出现这种倾向，原因是多方面的，需要教育理论工作者深入探讨。但是可以肯定的一点是，"双减"的一个重要目的是要扭转日益明显的个人主义、功利主义以及经济主义占教育价值观上风的倾向。除了前文提到的限制教育中的资本扩张，还有一点就是淡化教育中的竞争色彩。我一直主张"学习是不能讲竞争的"。学习要进步，应该通过互相讨论、互相帮助、互相促进。有人说，高考不是竞争吗（见图4.3）？高考是学习结果的竞争，不是学习过程的竞争，学习一定要讲集体学习、个性化学习，个性化学习不要理解为个别学习，不要理解为关在家里一个人学习。2015年11月，联合国教科文组织发布了其建立70年以来的第三份教育报告《反思教育：向"全球共同利益"的理念转变？》。该报告也认为："学习不应只是个人的事情，作为一种社会经验，需要与他人共同学习，以及通过与同伴和老师进行讨论及辩论的方式来学习。"

图 4.3　高考竞争

图片来源：中国青年网

第三节　落实"双减"的关键在于做好"双增"

"减负"并非一减了之。"减负"的根本目的是"提质增效"，而且也只有做好了"增"，才落实得了"减"。

一、 提高作业设计质量，注重发展学生思维

"双减"的"第一减"表面看是减作业的量，实质是要增作业的质。我一直讲"教育重在发展学生的思维"，那么作业的设计也应当注重发展学生的思维。

人人都有思想，都能思考，但并非人人都具有良好的思维品质。思维是有多种品质的，如思维具有敏捷性，有的人思维很敏捷，遇事反应比较快，有的人思维比较缓慢，反应比较迟缓；思维具有逻辑性，有的人说话很有条理，有的人说话混乱不清；思维具有深刻性，有的人思考问题很深入，有的人思考问题比较肤浅；思维还具有广阔性、开发性、创造性，有的人思维很开阔、点子很多，能够捕捉机遇，有的人则喜欢钻牛角尖，固执于一隅。另外，有些人逻辑思维比较强，有的人形象思维比较好。总之，每个人都有不同的思维品质结构。如有的人思维很敏捷，但不深刻；有的人可能思维比较缓慢，但思考问题较深刻。

我们的学生也有不同的思维品质，在上课时就能看出来。有的孩子反应很快，对老师的提问立即举手，但回答得不一定准确；有的孩子看似反应迟缓，

但回答得可能较为深刻。因此，教师要了解每个学生的思维品质，因材施教，并加以引导培养，取长补短，使学生养成良好的思维结构。所谓良好的思维结构，就是既具有敏捷性，又具有深刻性；既具有深刻性，又具有广阔性、开放性，更重要的是要培养创造性思维。

思维之所以重要，是因为思维能改变人生甚至改变世界，比如乔布斯改变了人们娱乐、生活和通讯的方式，马云改变了传统的商业模式。这就是创造思维改变了定式思维。世界科技的进步，无一不是人的创造思维的结果。再举一个小小的例子。传统的缝纫靠一根针一根线，线要穿过针的粗的一头。这种缝纫方式做一件衣服是很缓慢的。有人发明了把线穿过针尖端的小眼儿，这就出现了缝纫机，做衣服的速度不知快了多少倍。这都是思维的改变。所以，我们的教学过程和作业设计要注意培养学生的思维。当今世界，科学技术日新月异，新鲜事物层出不穷，互联网、人工智能正在改变人类的生产和生活。一个人如果没有良好的思维品质，没有无定式的创新思维，很难适应变革时代的生存要求。

现在中小学的教学和作业都把重心放在了死记硬背、机械训练上，导致学生有知识但没能力，会做题但不会解决问题，有高的分数却未必有良好的思维品质。所以，"双减"要求减轻作业负担，不只是减少学生的作业，而是特别强调要坚决克服机械、无效作业，杜绝重复性、惩罚性作业。这些作业对于学生的思维发展没有帮助，只是在浪费学生的生命，消磨他们的学习兴趣，打击他们的学习积极性。此外，"双减"还要求线上培训机构不得提供和传播"拍照搜题"等惰化学生思维能力、影响学生独立思考、违背教育教学规律的不良学习方法。这些都说明，减轻作业负担不只是减少作业，而是要由追求量转向追求质。

一位在美国上学的十六七岁的华裔学生送了我两本他写的《我在美国上中学》，一本是初中卷，一本是高中卷。我列举书中提到的三个例子，让读者感受一下什么是好的作业设计，怎样的作业设计有助于培养学生的思考能力。第一个例子是初中一年级的艺术课。这门课的老师在开学时对学生说："本学期我们学习传统的和现代的绘画艺术。我不会讲有关著名艺术家的知识。你们需要自己去调查研究这些艺术家，找出他们的代表作品，了解他们的艺术风格和艺术特色，介绍他们的代表作品与流派，并给全班同学做报告，然后给全班同学布置作业，要求同学们按照报告中介绍的那种艺术作品形式来完成作业。"学生对于老师的布置都拍手叫好，下课后就开始挑选自己喜欢的艺术家。第一位学生汤姆选择的是达·芬奇，介绍了达·芬奇的生平、代表作品和风格，然后给同学们布置作业——用达·芬奇现实主义的创作方法画自己旁边的同学。

第二个例子是生物课。老师布置的作业是采集树叶，书上列出20多种树叶，老师说："我不会给你们树叶鉴定表。你们自己去找树叶的图像。你们可以查参考书、上网，或者找植物学家咨询。你们采集树叶后要查出每一种树叶的正式名称、树叶结构、树叶附属物、树叶排列、树叶形状、树叶边缘和树叶脉型。"然后，老师教学生如何画树叶。这个作业用两个星期完成。课后学生到处去找树叶、找资料，并将找来的树叶进行对照，完成作业。

第三个例子是高中一年级，也就是九年级的历史课。这一学期讲1889—1945年的世界史。布置的作业是"历史文化组合：1889—1945"，包含10个方面的内容：历史事件表、历史人物专访、对历史人物的讣告、对历史人物的颂文、历史电影评论、一本书的书评、史评、一幅历史画的画评、假如历史可以假设、献词。作业的封面设计有两个要求：一是采用对美国历史的艺术表达形式；二是镶嵌历史名人的名言。这份作业用两个月完成。这本书的作者说他选择的历史事件与地区背景是第二次世界大战中的东方战场，关注的历史人物是陈纳德，采用的颂文和讣告是宋庆龄所写的篇章。

中美教育各有优势，不能简单地说哪个更好，但是这两本书中提到的一些美国教育的做法和理念确实值得我们反思、学习和借鉴。经常有人说，中国的教育强调基础知识，发达国家的教育强调能力和创造性发展。然而，夯实基础知识和培养能力、创造性并不是二选一。实际上，能力和创造性不可能脱离基础知识去搭建空中楼阁。刚才举的这几个有关作业的例子，学生没有扎实的基础知识怎么能够完成？学生这样兴趣盎然地完成作业，不仅能牢固地掌握基础知识，还可以发展主动性和创造性，提升思维品质，扩大知识面。当然，这些例子未必能代表美国教育的全貌，但是至少说明，作业经过精心设计是可以有趣的，是可以让学生喜欢的，是可以兼顾掌握知识和发展能力、创造性的，并促进学生思维品质的提升。

提高作业的设计质量毫无疑问需要每一位教师"动脑子""下功夫"，而且要群策群力，做好优质资源共享。尤其是对于教育相对不那么发达的地区，仅凭教师一己之力提高作业设计质量有很多现实困难。在这方面，由学科教研员或名师工作室、学校备课组或年级组牵头，因地制宜开展"集体备课 – 设计作业 – 试做检验 – 建立作业共享平台"的教研工作可以成为一个重要突破口。

现在市面上的教辅、教参不计其数，但内容高度重合，质量良莠不齐，然而很多老师、家长一贯秉持"以量取胜"的原则。其实，一味追求作业的量非但保证不了学习成绩，甚至起反作用。因为学生没有充足的时间去消化课堂学习内容、查漏补缺，忙着"刷量"，结果会的题做了一遍又一遍，不会的题错了一遍又一遍，纯粹"瞎忙"。集中优质教研资源，建立作业资源共享平台，是一个值得研究的问题。有了该平台，教师就可以根据学情或教学任务灵活选用、改编基础性作业或实践性、探究性作业。

此外，减少学生的作业也不是为了让学生"躺平"，而是让学生腾出一部分精力实现更全面、更有个性的发展，有时间、有机会走向实践，接触社会。所以"双减"还提出，学校和家长引导学生放学回家后完成剩余的书面作业，进行必要的课业学习之余，要从事力所能及的家务劳动，开展适宜的体育锻炼，开展阅读和文艺活动。寄宿制学校则要统筹安排好课余学习生活。

我提倡"学生成长在活动中"，这里说的活动更注重思维活动。在课堂上，教师要激发学生思考，而不是把现存的结论传授给学生；在课外活动中，要通过学生的动手动脑，启发学生思考。不要误解"学生成长在活动中"就是让学生热热闹闹、蹦蹦跳跳地活动，而是要在思维活动中成长。课堂教学是培养学生思维活动的主渠道，但同时也要让学生走出去，走向大自然、走向社会，让他们长见识。长见识对于培养学生的创造性思维是很重要的，见识广了，思维就有开放性、广阔性，就能想出许多点子，这就是创造。但也需要老师引导、培养，遇到事情的时候让学生想一想，在想的过程中就发展了思维。

二、增加校内课后服务供给，重在促进学生的个性发展和全面发展

"双减"的"第二减"表面看是"减校外培训负担"。因为如前所述，校外培训机构的疯狂发展带来了很多问题。但是，社会对校外培训的确存在一些客观需求。所以，"双减"政策在要求减校外培训的同时，提出增加校内的课后服务供给。根据《中国教育报》报道，截至2021年5月底，全国共有10.2万所义务教育学校开展了课后服务，6 496.3万名学生、465.6万名教师参与了课后服务。部分大城市课后服务学校覆盖率超过90%。"双减"实施后，参加校外培训的学生整体上减少了很多，但至今还是有很多家长"顶风作案"，偷偷摸摸把孩子送到一些"地下作坊"接着补课。有一些家长对于学校提供的课后服务不太满意，或者说不太信任，当然最根本的原因还是升学竞争引发的教育焦虑。因此，提高课后服务质量

很关键，而做到、做好校内课后服务这个"增"，我认为有两点要特别注意。

一是不要把这"一增""一减"简单变成校外培训"公有化""学校化"。"减负"总的精神是要促进学生德智体美劳"五育并举"，让学生实现全面发展。义务教育阶段，学生每天下午早早就放学了。过去学生放学后就去校外教育培训机构，现在学校要把学生管理起来，所以很多学校都建立了托管班。这里要注意，"双减"文件明确指出，学校要充分利用课后服务时间，指导学生认真完成作业，对学习有困难的学生进行补习辅导与答疑，为学有余力的学生拓展学习空间，开展丰富多彩的科普、文体、艺术、劳动、阅读、兴趣小组及社团活动，但不得利用课后服务时间讲新课。学校的课后服务要重在发挥促进学生个性化发展和全面发展的作用，警惕变成课堂教学的第二阵地，变成"校外培训搬家"。

二是不能把课后服务的担子全部压在校内教师身上。学校提供课后服务、办托管班，就意味着会增加学校教师的负担，所以又出现了新的矛盾。有的校长向我反映，教师承担托管班工作任务以后就没有时间备课了，这会不会反而影响到教育质量？我认为，教师首先还是要把精力放在保障课堂教学质量上。我一直说"课堂教学是育人的主渠道"。课堂教学质量上不去，甚至因为老师们忙于课后服务还降低了课堂教学质量，那么"双减"必成空谈。至于课后服务供给，应该有各种各样的形式。例如，小学生到了高年级以后，就已经有能力组织一些活动了。我们要看到他们潜在的能力，他们的自主性、积极性也是很高的，老师可以做一些辅导，但不要包办。而教师参加这种托管班的辅导，应该是本着自愿的原则，如果有的教师家庭负担较重，比如，家里有老人要赡养、子女还小等情况，学校安排任务的时候要适当考虑，根据教师的意愿和实际情况来安排。另外，应该给予教师经济补贴，各个地方应该制定相应的政策。

此外，我们要调动政府、家长、社会等方面的资源。比如，中小学可以考虑与当地的大学社团建立一些合作项目，让大学生志愿者去中小学开展一些课后服务工作。这既为大学生提供了社会实践机会，又丰富了中小学的教育资源，而且即便需要支付一些劳务报酬，成本也不会太高。还有一些地方，有一些非遗传承项目，比如剪纸、画画、舞蹈、音乐等，可以把一些非遗传承人引进学校，辅导学生的课外活动，使学生的课外生活丰富多彩。与此同时，过去搞学科培训的校外机构可以转型与学校合作，为其提供课后服务。

最后，我们要提防课后服务的异化。校外培训全面管控后，许多培训机构、资本集团又把目光投向了校内的课后服务，企图换个阵地接着干。"双减"政策发布以来，也确实有学校"借题发挥""偷梁换柱"，把课后服务当成学校违规补课、违规收费，甚至是个人借机牟利的幌子，不仅直接影响了这些学校"双减"政策的有效实施，而且造成了不良的社会影响，使得"双减"被污名化。对此，教育部办公厅等四部门在2023年12月联合印发了《教育部办公厅等四部门关于进一步规范义务教育课后服务有关工作的通知》，要求严禁随意扩大范围，严禁强制学生参加，严禁增加学生课业负担，严禁以课后服务名义乱收费，严禁不符合条件的机构和人员进校提供课后服务。落实好这5个"严禁"，对于提升校内课后服务的质量和家长满意度，从而保障"双减"的成效具有关键意义。

第五章

办好每一所学校，上好每一节课，教好每一个学生

改革开放四十多年来,我国教育事业发展的成绩有目共睹,但公众的抱怨和不满反而越来越多。这并不奇怪,恰恰说明了教育的普及。过去是精英教育阶段,只有一部分孩子能上学,谈不上教育公平。现在教育普及了,就出现"为什么你的孩子能上重点学校,我的孩子只能上普通学校"等疑问,教育公平问题就是这样出现的。可见,教育中出现的许多问题都是教育发展中的问题,是因为经济社会发展超出了教育作为社会公益事业的保障能力,教育发展跟不上人民群众的需求。党的十九大报告指出:"中国特色社会主义进入新时代,我国社会主要矛盾已经转化为人民日益增长的美好生活需要和不平衡不充分的发展之间的矛盾。"这种矛盾转化在教育领域显得尤为突出。"人人有学上"的问题已经基本得到解决,但如今每位家长都想让自己的子女进入优质学校,希望人人上"好"学。这是可以理解的,也是中国式现代化的内在要求。党的二十大报告指出:"坚持以人民为中心发展教育,加快建设高质量教育体系,发展素质教育,促进教育公平。"因此,我们要办好每一所学校、上好每一节课、教好每一个学生,才能化解人民群众对优质教育的期待与教育发展的不平衡不充分之间的矛盾,才能从根本上破解学生负担过重的难题,从根本上落实"双减",实现教育的中国式现代化。

第一节 教育观念现代化是教育现代化的灵魂

我认为,解决教育问题需要全社会共同努力,以转变观念与建设制度两个轮子合力牵引教育改革发展。其中,转变观念是驱动轮。只有教育观念转变了,才能促进制度的转变和内容方法的改革。所以说,教育观念的现代化是教育现代化的灵魂。现在的很多改革,中央出台了很多好的政策,但是到了下头贯彻不力、变样子。这些人之所以会"把经念歪",有一个重要原因就是他们的观念没有转变,拿老的观念来抵制新的观念,拿老的观念来看待和应付新的变革。

一、好的教育是让每个人成为最好的自己

教育虽然被赋予各种各样的功能和期待，但在本质上是培养人的活动，把人培养成人才，此外的一切功能和期待都有赖于人才去间接实现。什么是人才？人们往往把人才和天才混淆，尤其是很多家长，总认为自己的孩子是天才，或者想把自己的孩子培养成天才。我认为，人才是多种多样的，也是有层次的，但只要是有理想信念、有知识、有为社会服务的能力、能为社会做出贡献的人，都是人才。各行各业需要不同的人才，高精尖领域需要人才，农业需要人才，环保也需要人才。

教育观念的现代化，首先要树立正确的人才观，树立人人都能成才、培养多样化人才的人才观。现在朋友聚会，大家总要谈起各自的孩子。有的家长谈到自己的孩子考上了清华大学、北京大学，表现出无比自豪的样子，另一些家长就会流露出羡慕的眼光。很多家长关心的不是自己家的孩子发展得怎么样，而是有没有比别人更好。这种攀比心是教育无序竞争的重

要推手。而且现在不仅家长有严重的攀比心理,学校也在攀比,政府官员也在攀比。重点中学已经不是比一般的升学率,而是比升入清华大学、北京大学的升学率,比升入"985"大学的升学率。所以我说,攀比之风不解决,中国只需要办两所大学——清华大学、北京大学就行了。

一所好学校要关心每个学生的成长,而不是只关心少数在文化课上天赋拔尖的学生。一所学校如果能把每个学生培养成有品德的公民,就是一所好学校。但是,很多学校只盯着所谓的杰出校友。很多学校校庆印制宣传纪念册子,前几页总是领导的照片、题词,然后是所谓的杰出校友,普通劳动人民没有位置。这些所谓的杰出校友固然值得学校感到自豪骄傲,但普通校友却是学校的主要成果,难道不值得学校重视吗?这种狭隘的人才观不扭转,谈何教育现代化?怎么能办出人民满意的教育?

实际上,无论是各级政府,还是社会大众,都需要转变观念,不应只盯着清华大学、北京大学。我们要认识到,每个孩子的素质和兴趣是不一样的,让所有人走同一条路是不切实际的,也不符合一个国家的发展需要。在当代，我们应当树立"行行出状元"的观念。我国如今强调科学技术的发展，要成为世界工厂，这就需要发展职业技术教育，培养技工。但很少人愿意让自己的孩子上职业技术学校、当工人。这不单纯是经济收入高低的问题，其实现在技工人才供不应求，"蓝领"的收入未必比"白领"低，但是大多数家长还是都希望孩子去当公务员、做科研人员，这就是观念问题。

人才需要培养，而不是"设计"，培养人才需要在通识教育的基础上因材施教。德智体美劳全面发展不等于德智体美劳平均发展。所谓全面发展是各种潜力得到充分发挥，而非各方面能力得到同等发展。有的人喜欢文学，有的人擅长数学，有的人对艺术有着卓越的天赋，所以对人的培养不能一概而论。我一直说，适合的教育才是最好的教育，也是最公平的教育。什么是好的教育？好的教育就是让每个人成为最好的自己。

二、 重要的不是能跑多快，而是能跑多远

教育焦虑是怎么产生的？教育内卷现象是怎么出

现的？校外培训机构为什么能绑架我们的学校教育？根本在于很多人想让自己的孩子"赢在起跑线上""弯道超车"。但是"起跑线"在哪里？每个孩子的"起跑线"是一样的吗？

现在很多家长把"起跑线"设定在幼儿园期间，甚至更早。但是儿童成长是有规律的，而且有一定的阶段性。超越儿童发展的阶段性，不仅不能促进儿童的成长，反而会损害其成长。我国古时候这一道理就已为人熟知，即不能"揠苗助长"。同时，儿童生来是有差异的，用一种模式去塑造，必然会抑制、扼杀其禀赋，所以古代就强调因材施教。我国古代儒家著作中的教育论章名篇《礼记·学记》提到："使人不由其诚，教人不尽其材，其施之也悖，其求之也佛。"就是说，教师要了解学生的学习情况，了解他们的优势和劣势，根据不同的情况指导他们的学习，否则就不会成功。《学记》又强调："学者有四失，教者必知之。人之学也，或失则多，或失则寡，或失则易，或失则止。"就是说，教师要了解学生学习有四种失误：或者贪多，或者不求进取、学得太少，或者把学习看得太容易，或者遇到困难即放弃停止。实际上，每个儿童的"起跑线"是不同的。现在很多父母不管儿童发展的阶段性，不考虑儿童的差异，从幼儿园开始就盲目地给儿童加重学习负担和压力，而且看别人家的孩子学什么，就让自己的孩子也报什么班，关心的不是孩子适不适合、喜不喜欢，而是有没有比别人学得更多。这不仅不能让儿童健康地成长，而且会抑制他们的禀赋，引起孩子的厌学情绪，反而影响他们的正常发展。家长要找准孩子的"起跑线"，就要了解孩子的优势和劣势，扬长避短，不要盲目攀比。

此外，常言道："十年树木，百年树人。"一个人的发展不能只看一时一事。我们要用发展的眼光、可持续的眼光看孩子的成长。家长过分关注所谓的"赢在起跑线"，在小小年龄就把孩子的好奇心、求知欲、学习动力消磨干净，等同于杀鸡取卵，结果就是我们的孩子不是赢在起跑线，而是累死在起跑线。所以，即便是从竞争、比赛的视角来看，最重要的也不是谁起步得早，而是看谁能跑最远。

基础教育阶段最主要的是培养学生在社会上生存、发展的能力。我曾经提出要打好"三个基础"：一是打好身心健康的基础；二是打好终身学习的基础，学生有不断学习、自我学习的能力；三是打好走向社会的基础，学生有健康的社会情绪，能够和别人沟通，能够尊重别人，能有开放的心态。

三、树立"健康第一"的理念

教育工作要树立"健康第一"的理念（见图5.1）。由于长年受"应试教育"的困扰，很多学校只重视知识的学习，忽视了体育工作，学生体质严重下降。健康是生命的基础。前文提到，中华人民共和国成立之初毛泽东同志就提出"健康第一"，并且之后多次强调。习近平总书记在2018年的全国教育大会上再次提出"健康第一"的号召，具有很强的针对性。

2020年10月，中共中央办公厅、国务院办公厅发布了《关于全面加强和改进新时代学校体育工作的意见》，《意见》提出："学校体育是实现立德树人根本任务、提升学生综合素质的基础性工程，是加快推进教育现代化、建设教育强国和体育强国的重要工作。"这是贯彻落实习近平总书记关于"健康第一"理念的重要举措。

图 5.1 2018 年 4 月顾明远在清华附小考察学校工作

儿童青少年时期是通过体育增强体质的最好时期，错过了这个时期，对人的一生都会有不良影响。老师和家长们都应重视孩子的体育锻炼，不要错过儿童青少年锻炼身体的大好时机。

当然，健康不只是生理的健康，还有心理的健康。一个健康的人，包括身体、心理两个方面。有时，心理不健康更加需要重视。触犯法律底线、违反社会行为规范的人一般都没有健康的心理，缺乏健全的人格。现在各国教育都重视学生核心素养的培育。核心素养中很重要的因素是社会情绪，就是理解社会、尊重他人，善于与他人交往、沟通、合作。这种社会情绪对一个人的一生来说非常重要，有了良好的社会情绪才能事业成功、生活幸福。所以我们的教育工作一定要重视孩子的身心健康问题。

四、 重视家庭教育

人们常常有这样一种误解，一说起教育，总以为这是学校和老师的事情。有的孩子不听话，学习不努力，家长就认为这是学校的责任，是老师没有教好。其实，一个人在其成长过程中要接受三方面的教育，即家庭教育、学校教育和社会教育。它们互相联系、互相影响。而家庭教育在人的成长过程中起着重要的作用。因为儿童的可塑性最大，最容易接受教育，而家庭教育是最早期的教育，时间最长、影响最深刻，是一切教育的基础。

家庭教育不同于学校教育，它有自己的规律。学校教育包括了三个基本要素：教师、学生、教材。学校教育的过程是这三者相互作用的过程。而家庭教育只有两个基本要素，即父母与儿童。家庭教育没有教材，没有课堂，它的教育力量全在于父母的榜样作用。家庭教育与学校教育的这种区别使家庭教育成了教育学科中的一个特定领域。但是，过去教育理论界很少研究家庭教育的特殊规律，只是把学校教育的一般规律搬到家庭教育中。诚然，作为教育的一个领域，家庭教育与学校教育有许多共同的规律和原则，但家庭毕竟不是学校，父母毕竟不是教师，家庭教育的过程不同于学校教育的过程，家庭教育必然有自己特殊的规律。只有认真地研究、掌握这些规律，才能把家庭教育建立在科学的基础上，才能使家庭教育顺利进行，取得良好的效果。

家庭教育是一门综合性的科学，它涉及多门科学，跟优生学、生理学、卫生学、营养学有关系，跟心理学、教育学、人才学、伦理学，甚至美学等也都有关系。它要研究家庭教育的目的、任务、特点和方法，研究父母的责任、父母的修养以及家庭教育与学校教育和社会教育的关系等问题。现在，对于家庭教育的一些规律我们已经有了一定的认识，有很多规律我们还没有充分认识。有些父母教育子女很有经验，但这些经验没有上升到理论上，因此没有被普遍地推广和运用。家庭教育作为一门科学，它的任务之一就是要总结家庭教育的经验、摸索家庭教育的规律，然后加以宣传、推广，使父母都懂得用科学的方法教育子女。

家庭教育的研究已有悠久的历史。许多研究教育的国外著作，如夸美纽斯的《母育学校》、卢梭的《爱弥儿》、马卡连柯的《父母必读》、苏霍姆林斯基的《家长教育学》等，都是讲家庭教育的。我国研究家庭教育的历史更长，颜之推的《颜氏家训》、司马光的《温公家范》，直到近代的鲁迅、陈鹤琴等都对家庭教育问题进行过探讨。但这些研究一般都是描述性的，属于经验型，并没有建立在现代科学的基础上，对于家庭教育的基本规律缺少深入的研究和探讨，在理论上有较大的局限性。

中国具有悠久的家庭教育传统，前人积累了丰富的家庭教育实践经验。但在中华人民共和国成立以后的几十年里，家庭教育理论研究几乎无人问津，在教育科学领域里，家庭教育学科研究也几乎是一片空白。20世纪80年代，对家政学专业的探索可以算是家庭教育研究的最初尝试。1987年，时任国家教委党组书记何东昌同志指示北京师范大学开设家政专业，把教育研究工作从学校推广到家庭。当时，北京师范大学和辽宁电大远距离教育音像出版社共同组织部分教师编写了包括《家庭社会学》《家庭教育学》《家庭经济学》《家庭美学》《家庭卫生学》等现代家政学丛书。这套丛书的内容包括分析研究家庭与社会的关系；指导各种类型家庭的建设和科学的家庭生活；建立良好的家庭伦理感情生活，促进家庭成员的身心健康和发展，以充沛的精力从事工作、劳动、学习，同时正确认识人与人、人与社会的相互作用，正确理解人与人、人与环境的关系；树立良好的家庭和社会风气，促进安定团结等。当时，这项工作在社会教育中开辟了一个新的领域，对优化家庭教育内容、丰富社会教育内容、提高家庭文化精神生活的质量、推动社会主义精神文明建设有着积极深远的意义。后来，赵忠心教授等一批学者着手专门研究家庭教育理论，取得了丰硕的研究成果。例如，赵忠心的《家庭教育学——教育子女的科学与艺术》、缪建东的《家庭教育学》、王大龙的《中国家教百年》等都是非常优秀的著作。

随着家庭教育研究的逐渐深入，广大父母也应把家庭教育作为一门科学来学习和研究。要使儿童在家庭里打好全面发展的基础，父母就要有生理学、心理学、教育学、卫生学、营养学等方面的知识。家庭教育还包括如何合理地安排孩子的学习和生活，培养儿童的道德品质等。每一位父母都要学习这门科学，懂得家庭教育的规律、内容和方法，使每个儿童都能在家庭中受到科学的、良好的教育，为儿童入学打好基础。在儿童入学以后，家长也要配合学校做好工作，使儿童能够茁壮成长，成为建设社会主义的人才。

五、 重视校外教育活动

整顿校外教育培训机构并非不要校外教育，而是让校外教育回到自己的轨道上。校外教育和家庭教育一样，作为整个教育体系的重要组成部分之一，是培养学生全面发展不可或缺的部分。学校应将校外教育活动作为教育教学工作的一部分，因为学校课堂教学是按照课程标准统一进行的，是打基础的教育，却很难满足学生的个性化需要；而且课堂教学是有限度的，在课堂学习之外，学生拥有很多课余时间。一般而言，学生每天除了上课和写作业，其他时间可以参加校内外的课外活动。现在之所以要减轻学生的课业负担，就是为了让学生有时间参加有意义的课外活动，锤炼他们的品质，丰富他们的知识，扩展他们的视野，发挥他们的特长。

具有自愿性、多样性、灵活性特点的校外教育对学生发展具有重要意义。

第一，校外教育有利于学生的全面发展，提高他们的才能。中小学生正处在发育身体、增长知识的阶段，他们精力充沛、活泼好动、有好奇心。我们不能总是把学生关在学校里，还要让他们走出学校，见世面。在课堂上学习教材中的知识是必要的，是基础，但教材中的知识毕竟是有限的，要把学到的知识与实际联系起来，就要走出校门、走近自然、走向社会，读活的"书"。正如陶行知先生所说："承认一切非正式的东西都在教育范围以内，这是极有力量的。"

教育的根本任务是立德树人。要培养学生热爱党、热爱祖国、热爱社会主义，就要让学生走进革命纪念馆、博物馆，在其中学生才能体会到中国共产党的光荣和伟大，体会到今天幸福生活的来之不易；要教育学生热爱自然、保护自然，就要带领学生在大自然或自然博物馆中，了解大自然生物的多样性，了解人类与自然的共存共生；要教育学生热爱劳动、尊重劳动，就要让学生走向社会、走进劳动工地，看看各行各业的劳动者是如何生活的，看看高楼大厦是怎样拔地而起的。总而言之，校外教育可以让学生增长知识，扩大视野，促进学生的全面发展。

第二，校外教育有利于因材施教，发展学生的爱好和特长，启发学生的好奇心，激发学生的求知欲，引起学生学习探索的兴趣，甚至可以引导学生树立未来的职业理想。著名教育家苏霍姆林斯基把校外活动称为"学习背景""大后方"，是智力发展的源泉。神舟十三号航天员开展的"天宫课堂"让很多参加过此活动的儿童都树立了航天志向，就是一个很好的例子。另外，有特长的学生还可以在校外教育机构中获得学校缺少的资源，增长才干，例如，我国业余体校就培养出很多体育冠军，少年宫也培养出很多有艺术特长的人才。

有些老师和家长有一种错误的观点，他们认为学生课业负担很重，没有时间参加校外教育活动。实际上，校外教育活动是一种实践活动，可以促进学生身心发展。参加校外教育活动不仅不会影响学生的课堂学习质量，而且还会促进他们课堂学习质量的提高。校外教育活动越不丰富，学生的智力背景就越贫乏、越狭窄，他们对课堂学习内容的理解能力就越差。因此，校外教育活动是对课堂教学的有力补充。把课内和课外教育结合起来，将理论与实际相联系，有利于促进学生思维能力的发展。学生在青少年活动中心、在劳动场所，动手又动脑，也有利于促进其创造能力的发展。

第三，校外教育能充实和丰富学生的精神生活，锻炼学生的思想道德品质。通过校外教育活动，学生可以遇见和了解各种各样的事物和人物。参观历史博物馆，可以了解我国的历史、文物，领略中华传统文化的精华；参观人物纪念馆，可以了解思想家、文学家、科学家等的生平事迹，感受大家风范，提高文化修养；参观艺术展览馆，可以欣赏各种艺术作品，提高审美能力；参观科学技术馆，可以体会科学的魅力，认识到还有许多未知世界需要我们去探索。

校外教育有利于学生良好思想品德的形成。思想品德形成的规律表明，学生思想品德的形成，不是靠教师的说教，而是靠学生自身的实践活动。学生在活动中会遇到许多问题或困惑。例如，在团队活动中，可能会产生不同的意见和矛盾，当个人与集体的利益产生冲突、团队与团队之间出现各种矛盾时，该如何处理？这时学生会进行思想上的斗争。经过思想斗争，找到解决矛盾的办法，学生的思想品德水平就会提升。

第四，校外教育可以培养学生的领导力。此处的领导力不是指领导别人，而是指领导自己，认识自己的能力、优势和劣势。学生在活动中学会尊重他人，团结合作；在人际交往中培养活泼、开朗、开放、包容的性格，锻炼自身的组织能力。在校外教育活动中，学生往往不分年龄共同活动，高年级的学生会对低年级的学生产生很大的影响，有帮有学，互相促进，在团队中共同成长。

同时，校外教育活动的组织要遵循以下原则。第一，有明确的活动目的。校外教育活动虽然是学生自愿参加的活动，但不能放任自流，要加以引导，把活动与德智体美劳"五育"相结合，为学生的全面发展服务。

第二，活动的内容和形式符合学生的年龄特征。活动要符合少年儿童的身心发展规律，避免成人化，避免组织一些有害学生健康的活动。

第三，注意活动安全。特别是组织集体的春游和秋游、研学旅行等活动，学校要事先进行考察研究，有精密的组织安排，并且有明确的责任人。

第四，校外教育需要家长、社会的配合和支持。一些校外活动场所，特别是纪念馆、博物馆等，都应向青少年开放，设置适合青少年的活动和课程。

从大教育观念来看，校外教育属于社会教育，但又不同于一般的社会教育。校外教育与学校教育有着紧密的联系，是学校教育的延伸和有力补充。校外教育要在充分发挥自身优势的基础上，与学校教育取长补短、协同发展，共同促进学生的全面发展。

六、 实现真正的教育公平

展望未来教育，人工智能+教育、大数据、数字化已经成为教育界的热门话题（见图5.2）。科学技术是第一生产力，先进的科学技术必然会影响教育的改革和发展。当前教育界有一种趋势——只盯着大城市的教育发展。但是，我国广大其他地区的中小学，还不具备充分利用这些新技术的条件。

图 5.2　2023 年 3 月顾明远参加人工智能与数字教育研讨会

有几种假象影响着我们的眼光。一是北京、上海这些现代化城市中的优质学校，让很多人以为这些学校代表中国教育的水平。特别是上海在几次国际学生评估项目中名列前茅，英国都派老师来学习。人们以为我们的基础教育已经达到了很高的水平，现在要利用人工智能＋教育走向现代化。这些地方的一些优质学校，确实可以利用信息化、人工智能、大数据等来培养创新型人才，但很多农村地区的学校恐怕还做不到，即使城市里资源实力薄弱的学校恐怕也难以做到。

二是北京、上海等城市有很多研究生到中小学求职。前几年北京十一学校校长说，他们招聘教师，居然有150多名博士生应聘。中国科学院实验学校庆祝建校五周年时，该校的教师中已有40多名研究生，其中有10多名博士生。人们看到这些现象，以为教师职业很有吸引力，整体教师水平已经很高了。但是要知道，对于农村学校、偏远落后地区，多数大学毕业生还是不愿意去任教。那里教师缺乏，观念落后。2023年，教育部举行新闻发布会，介绍2022年全国教育事业发展基本情况，其中，普通高中专任教师数213.32万人，全国普通高中专任教师中研究生学历比例是13.08%，而经合组织国家达到45.5%。我们与发达国家教师队伍相比，还有很大差距。

近几年我带队国家教育咨询委员会素质组走访了几个省的农村，发现学校的条件逐年有所改善，孩子们活泼可爱，但课堂教学质量却仍不尽如人意，有些地方的课程不齐全，教师的教学水平不高，只能照本宣科。

教育公平是社会公平的基础，因此，教育公平一直受到社会的高度关注。但是，我们对教育公平要有一个正确的理解。教育公平主要是指为每个公民提供平等的学习、发展的机会，包括入学机会的公平、公正，享受相对均衡的教育资源，使每个学习者都能发挥他们的潜在能力，将来获得事业的成功。

要实现社会公平，就要对长期得不到公平的弱势群体实行政策性倾斜。社会发展是如此，教育更是如此。今天，我们的教育向西部地区、农村地区的倾斜，只不过是对过去重视不足的补偿，也可以说是发达地区对不发达地区的一种反哺。这样才能实现真正的教育公平。同时，只有提高当地教育水平，才能提高当地民众的生存能力，才能促进当地经济社会发展。只有全国各地经济社会相对均衡发展以后，我国才能真正进入现代化，实现中华民族伟大复兴的中国梦。

因此，教育公平绝不是平均主义，只有采取不同政策使弱势群体得到政策的优惠，才能真正促进教育公平，只有大家都好了才是真的好。联合国教科文组织2015年发布的《教育2030年行动框架》提出的总目标是"确保全纳、公平的优质教育，使人人可以获得终身学习的机会"，提出的7项目标和3项措施主要是关注消除性别差异、确保残障人士等弱势群体接受平等的教育和培训。可见，在世界范围内实现教育公平，也必须向弱势群体倾斜。

20世纪末，我曾在巴黎访问了一个"教育优先发展区"。我最初不理解什么是"教育优先发展区"。区督学解释，因为这个区大多是非洲移民家庭，经济比较困难，儿童的学习成绩低于全国平均水平，因此，国家把这个区域定为"教育优先发展区"，在经费、教师编制上都比普通地区宽裕。这就是向弱势群体进行政策倾斜的例子。中国式现代化要求实现全体人民共同富裕，中国式教育现代化要求让全体人民享受优质均衡教育。当初我们允许一部分先富起来，现在该是先富带后富的时候了，发展政策理应向薄弱地区、薄弱学校倾斜。

第二节　教育现代化要靠制度建设来实现

教育观念的转变不是天上掉下来的，也不是大家喊喊口号就能实现的，要有物质基础，要靠制度建设来保证。

一、 新增教育投入向薄弱地区、薄弱学校倾斜

长期以来，政府对重点学校投入了大量资金，使地区教育发展不均衡，造成了家长择校问题。20世纪80年代和90年代初，小学升初中要经过考试。这造成了考试竞争，增加了学生的课业负担，阻碍素质教育的推进。教育部曾明令取消小学升初中的考试，采用随机派位方式，但是重点学校仍然以各种竞赛成绩作为选拔学生的标准，于是奥数班、英语班、才艺班等应运而生，使得考试竞争愈演愈烈，学生课业负担越来越重。因此，取消重点学校的呼声由来已久。

设立重点学校是有历史原因的。中华人民共和国成立以后，我国教育虽然有了很大发展，但仍然处于不发达的行列，特别是经过"文化大革命"的破坏，人力资源极度缺乏。"文化大革命"以后，百废待兴，十一届三中全会确定以经济建设为中心，实现四个现代化，其关键是科学技术的现代化，基础是教育，需要培养掌握科学技术的人才。邓小平一再强调要尊重知识、尊重人才。我们从他在1977—1978年的多次讲话中可以看到，他对人才如饥似渴。为了快出人才、

出好人才，他在提出恢复高考的同时，提出要办好一批重点学校。正是这一举措，培养了一批人才，为我国改革开放、社会主义现代化建设做出了巨大贡献。

应该说，20世纪我国教育还处于精英教育阶段，在这个发展阶段必然要有一批精英学校。这是我国建设社会主义现代化的必然选择，也是所有国家教育发展的规律。其实这不是教育本身的问题，而是社会经济发展水平带来教育发展的问题。今天，在普及教育以后，高等教育进入大众化阶段，教育公平就提到议事日程上来了。此外，一些机关和企事业单位与重点学校的共建，加重了学校发展的不均衡。重点学校的资源越来越丰富，设备越来越先进，教师待遇也较优厚，与普通学校拉大了距离。实际上，《国家中长期教育改革和发展规划纲要（2010—2020年）》（下称《教育规划纲要》）已明令禁止设立重点学校和重点班，但重点学校是长期形成的，在老百姓的心中难以消失。这就是教育竞争的根源。现在各地政府也都加强对薄弱学校的改造。杭州市在21世纪初就开始组建教育集团，由重点学校与普通学校结成集团，或者由重点学校建立分校组建教育集团，扩大优质资源，来缓解择校竞争。近几年来，北京市也在采取优质学校建立分校的办法来扩大优质资源，产生了比较好的效果。但是办分校要有实质性的措施，特别是师资的保证，不能只挂一块牌子了事，有名无实。名校不能建立太多分校，否则优质教育也会稀释，分校也徒有虚名。

党的十八届三中全会提出教育领域的综合改革，教育部提出建立学区制、九年一贯制，使小学生能直接升入初中。但又出现所谓"学区房"这样的新问题。据报道，优质学校区域内的住房价格比普通学校学区内的房价要高出数倍之多，这会造成新的不公平。其实，据北京市划片"小升初"的政策，在学区里仍要随机派位，住在学区内并不一定就能上优质中学；同时，学区片里既有普通初中，也有优质初中，资源可以共享。总之，一个矛盾解决了，又会产生新的矛盾。最终只有促进学校的均衡发展，才能缓解由于教育竞争带来的种种问题。

除了同一地区不同学校之间的差异，我国发达地区与欠发达地区的教育资源差异也极大。前几年，我随国家教育咨询委员会调研了中部地区的一些农村学校，跟当地的行政干部、学校校长和师生进行了座谈，(见图5.3)发现存在非常严重的"双重沉陷"问题。一方面，我国中部地区人口基数大，教育需求旺盛，然而在分税制财政管理体制和"地方负担为主，中央少量补助"的义务教育经费分担体制下，中部地区落后的经济发展水平决定了其拮据的地方财力和微薄的教育投入，使其教育发展在"质"与"量"上都缺乏应有的保障。就全国来看，东部地区经济较为发达，其地方政府的教育投入能力和投入意愿较强，因

图5.3　2016年4月顾明远随国家教育咨询委员会调研山西学校

而其教育投入往往是我国不发达地区的数倍；西部地区虽经济水平依旧落后，其地方政府对教育的财政支撑仍然不足，但党和国家为了缩小"东西差异"，在实施西部大开发战略的同时，对其教育发展也实施了多种支持政策，中央财政加大了对西部教育的转移支付力度和专项投入，面向西部地区实施了"国家贫困地区义务教育工程""中小学危房改造工程""国家西部地区'两基'攻坚计划""西部教育信息化工程"等多项教育援助和支持项目；相比之下，"不东不西"的中部地区经济发展水平"不上不下"，地方政府在教育投入上既达不到东部地区那样充足，又无法像西部地区那样多地得到政府的"特殊关怀"，其教育发展深陷全国谷底。另一方面，中部地区落后的教育发展水平又反过来限制了"复杂劳动力"的供给，加之东、中两地明显的劳动力市场分割格局引发了高层次人才的单向流动，进一步严重阻碍了中部地区经济的崛起，"中部塌陷"陷入恶性循环之中。

更为突出的是，在面临明显的区域差距挑战的同时，我国中部地区的教育发展还存在着严重的城乡差距问题。根据国家统计局提供的数据，2020年中部六省乡村人口数（14 951万人）约占全国乡村人口总数（50 979万人）的29.33%，其乡村人口比例约为40.27%，比全国平均水平（36.11%）高出4.16个百分点。这意味着中部地区的乡村教育落到了区域和城乡差距两重"波谷"的交汇点上，形成"双重沉陷"。根据《中国教育经费统计年鉴（2021年）》提供的数据，2021年我国中部地区乡村生均公共财政预算教育经费支出水平不仅远低于东部地区，且低于西部和东北地区，成为全国的最短板（见表5.1）。

表5.1 我国中部地区乡村生均教育经费支出与各地区平均支出水平（单位：元）

项目	幼儿园	小学	初中	高中
山西	7 504.88	15 011.48	18 707.91	18 819.43
安徽	10 648.62	12 175.38	18 387.31	17 647.43
江西	13 446.00	11 914.78	14 643.08	16 029.38
河南	7 283.96	8 760.39	12 477.61	13 562.83
湖北	10 178.27	11 725.26	18 472.00	18 959.14
湖南	8 869.26	10 180.61	14 894.03	16 255.03
中部地区平均水平	9 655.17	11 627.98	16 263.66	16 878.87
西部地区平均水平	13 021.26	16 871.6	20 367.6	19 415.03
东北地区平均水平	13 239.44	20 626.24	22 147.83	16 835.82

这些年，我一直建议中央考虑制定一个全国生均教育经费底线，省级统筹达不到的省份由中央补贴。地方上的教育投入可以上不封顶，但是中央顶层设计得有个基本托底。

二、 根据新时代新要求改革学制

中华人民共和国的学校制度是1951年制定的，至今已有七十多年的历史，我认为已经不适应我国社会主义建设的现状和教育发展战略。

学制改革一直是党和国家关注的问题。1960年，中共中央宣传部创立了北京景山学校，实行十年一贯制。1964年，毛主席在春节座谈时提出"教育要改革、学制要缩短"的主张。当年中共中央成立了学制问题研究小组，召开了五年制小学、四年制中学、五年制中学以及中等专业学校、半工半读学校等问题的座谈会，但没有来得及制定方案。"文化大革命"期间，学制都改为小学五年制、中学四年制。"文化大革命"后北京市首先改回小学六年制。但是许多学者，包括当时的教育部副部长董纯才，都赞同小学五年初中四年的五四学制，认为小学生潜力很大，完全能够完成

第五章 办好每一所学校，上好每一节课，教好每一个学生

六年的教学任务，而初中开始分科教学，课程骤然增多，学生负担过重，往往在初中二年级就出现学生成绩的分化。大家认为，实行初中四年制，能够缓解矛盾，提高初中的教育质量。

1960年，北京景山学校成立，中宣部秘书长童大林是策划者、创始人。北京师范大学派了四十多位教师和应届毕业生。其中，历史系贺鸿琛担任景山学校的支部书记，还有数学系的苏式冬、陈心五，教育系的刘曼华等优秀教师赴校任教。中宣部派了方玄初（敢峰）承担校长一职。北京景山学校开展了十年一贯制的实验，自编教材。北京师范大学教育系周玉仁曾经帮他们编过一套小学数学教材。十年制培养了一批合格毕业生。北京景山学校改革开放后改为十二年制，但小学初中一直实行一贯制。童大林复职后又特别关心景山学校，不时召集中央文献研究室的龚育之、科委的吴明瑜，在北京师范大学则找了丁尔陞和我，以及方玄初、贺鸿琛等参加讨论，讨论怎么把景山学校办好。

20世纪80年代初，北师大副校长肖敬若组织了五四学制研究小组，开展五四学制研究。他退休后，

我接手这项研究。1986年，原国家教委开始实行中小学"一纲多本"的政策，鼓励大学和出版社编写出版优秀教材。于是全国出现了"八套半"教材。有人民教育出版社六三学制和五四学制共二套、上海高级版、四川普通版、广东沿海版、北师大五四制等。为什么还有半套？因为河北省只编了小学教材，没有编初中教材。北师大配合五四学制改革的教材编写工作由北师大中学教育研究中心主任、教科所所长闫金铎和普教处处长陶卫负责，我又把二附中刘秀珍副校长调来，还有普教处的石淑文、王淑兰等，组成了一个五四制实验研究小组。教材则由北师大出版社负责出版发行和推广。记得1999年我还陪着出版社负责人到哈尔滨与黑龙江教育厅的领导谈这套教材的使用问题。实验研究小组不仅编写了一套教材，而且到基层开展教育实验。全国使用这套五四学制教材的有山东诸城、烟台，湖北沙市（今属于荆州市）、荆州，黑龙江密山等地区五十多万人。实验研究小组的陶卫、刘秀珍等都经常到这些学制改革地区介绍新教材的特点、说课、讲课，帮助那里的教师掌握教材，适应新学制，提高教育质量。这项学制实验持续了十多年，在新一轮课程改革开始后停止。

当前，我国九年义务教育已经普及，我认为有必要把小学和初中统一起来，实行九年一贯制。新建学校可直接建成九年一贯制学校，老学校可以把小学和附近的初中结对，逐渐达到一贯。这样可以在课程上进行中小学间调节，有利于实现新课标的目标要求，同时避免"小升初"派位遇到的麻烦。近几年来，北京和上海等城市新办了一批九年一贯制学校，受到家长的欢迎。但小学和初中学校异校结对还没有看到。如果优质初中和附近的小学结对，一定会促进教育的均衡发展。我希望能有地方试验，取得经验。

与此同时，我希望高中教育能够多样化发展，实行综合高中和选课制度，加强选修课程，因材施教，把高中课程分为理、工、经、文、艺、体等板块。选择权交给学生。教师起到引导、设计、帮助的作用。

三、 提高职业教育的地位和质量

职业教育是我国国民教育体系中的重要组成部分。职业教育是培养应用型技术人才的教育，是培养产业人才的基地。无论是物质产业还是文化产业都需要技术人才和实际操作的工作人员。因此，职业教育对一个国家的社会经济发展具有重要的意义。

进入工业化时代以后，职业教育备受各国的重视。例如，直到18世纪，英国只有六所大学，但产业革命以后就涌现了一批专业学院，并于1889年颁布了《技术教育法》，发展职业技术教育；法国在大革命以后建立起了工业专门学校，促进了法国工业的发展。特别是在二次大战以后，科学技术的发展带来了生产的变革和经济的繁荣，各国职业技术教育得到了很大的发展。法国于1966年高等教育改革时创办了短期技术学院；日本的短期大学、美国的社区学院都得到了迅速的发展。在世界范围来看，各国高等职业院校在高等教育中都占有一定的比率。如美国在2017年有4 297所高等教育机构，其中研究型大学只有328所，社区学院有1 480所，本科生中40%就读于社区学院。日本在2018年有782所普通高校，331所短期大学，还有57所高等专门学校，许多普通高校也都培养应用技术人才。

我国教育制度设计上一个很大的缺陷就是轻视职业教育，导致我国的职业教育长期得不到良好发展。

中华人民共和国成立初期的新学制其实是比较重视职业教育的。当时我们学习苏联的教育，专门建立了职业教育体系。1951年8月10日，政务院第97次政务会议讨论通过了《关于改革学制的决定》，颁布了中华人民共和国新学制图（见图5.4）。新学制中职业教育包括培养熟练工人的技工学校、培养初级技术人员

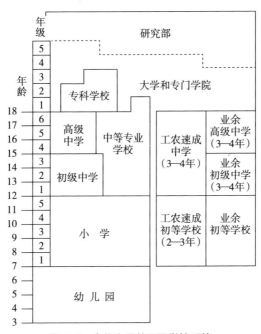

图5.4 中华人民共和国学校系统

图片来源：顾明远.中国教育路在何方：顾明远教育漫谈［M］.北京：人民教育出版社，2016：31.

的中等专业学校、培养高级技师的高等专科学校，以及培养工程师的高等专门学校和大学。这些职业学校培养了大批熟练工人和技术人员，为中华人民共和国成立之初的建设做出了巨大贡献。在"文化大革命"中期的1970年，北京师范大学全体师生都被下放到北京市房山区燕山山脚下去建"东方红炼油厂"。我在劳动中遇到几位中专毕业的技术员，很佩服他们的技术和智慧。20世纪60年代初期，我国在农村还创建了一批农业中学，为普及农村教育起到了重要作用。

但是"文化大革命"中，农业中学、技工学校和中等专业学校被说成是教育不平等和对工农阶级的歧视，一律被砍掉，只留下普通中学，而且学制被缩短至四年。这是对我国职业技术教育毁灭性的破坏。"文化大革命"以后，虽然教育秩序逐渐恢复，但职业技术教育一直都没有被重视。20世纪80年代，我国建立了一批职业中学，是为一批考不上普通中学的学生准备的，且专门技术的含量极低，大多是为旅店服务业和餐饮业培养员工。因而很多人误认为职业中学低人一等，整个职业教育的名声也被毁了。特别是1999年高等学校扩招以后，我国提出要重点发展普通高中，职业高中再一次萎缩。直到21世纪初，"技工荒"影响到我国制造业的发展，我们才感到职业技术教育的缺失。2005年，国务院召开全国职业教育大会，做出了大力发展职业技术教育的决定。经过这几年的努力，我国才使高中阶段职业教育与普通教育的结构比例得以优化，才扭转了职业技术教育衰退的局面。

在《教育规划纲要》公布以后，政府加大发展职业技术教育的力度，采取免收职业学校学生的学杂费、提供其生活补贴、规定职业高中毕业生可以报考高等学校等一系列措施，吸引青少年接受职业技术教育。2019年3月5日，李克强总理在政府工作报告中提出，"今年高职院校大规模扩招100万人"。职业教育的发展有利于缓解就业压力。无论是在城镇的发展方面，还是农业现代化的进展方面，就业压力都不断增加。目前的情况是青年就业难，企业招聘有技术的人才难。发展职业高等教育，让高等职业学校与企业对口，及早地解决高职毕业生的就业问题，就会减轻就业压力。职业教育的发展也是精准扶贫的有力途径。扶贫首先要扶智、扶志。如果更多贫困地区的孩子能够接受职业教育，拥有一技之长，就有能力就业或者创业，就能改变家庭贫困的状况。职业教育的发展有利于社会安定。青年接受了职业教育，具备了一技之长，就能获得稳定的工作，有利于社会的安定团结。我国很多经济欠发达地区大力发展职业教育，使青年有工作、有收获，能够过上有尊严的幸福生活，这是很好的经验。

发展职业技术教育有利于我国高等教育机构改革。我国高等教育已经开始从大众教育走向普及教育。目前高等教育的特点是，除了少数研究型大学以外，更多的应该是培养应用型人才的高等学校。现代社会需要多元化的人才结构，同时现代化的教育也可以适应不同青年的实际需要。从学生自身来讲，每个人天资不同，特长爱好不同，有的孩子善于理论思维，有的孩子动手能力很强，职业教育的发展可以给青年提供更加多元的选择机会。

但是，很多人对职业学校的歧视已经根深蒂固，阻碍着我国职业教育的发展。职业技术教育在老百姓心目中的地位仍然不高，广大家长还是愿意把孩子送到普通大学，特别是名牌大学读书。虽然前文提到这其中有很大成分是观念问题，但我们也应当看到，因为历史发展的局限，我们的职业教育质量确实还有待提高。只有职业教育的质量上去了，职业教育的地位才能真正提高，老百姓才会买账。千军万马才不用非往大学那一座独木桥上挤。

就像人人都能成才一样，任何学校也都能办成一流学校。过去上海的立信会计专科学校就是一所高职学校，但它为中华人民共和国培养了一大批会计人才，成为全国知名的一流学校。今天，我们也需要并且有可能建设这样一批一流的高等职业学校。

四、教育评价破除"五唯"顽瘴痼疾

评价制度是教育工作的指挥棒。有什么样的评价指挥棒，就有什么样的办学导向。一提到教育改革，人们首先提出的是高考、中考制度的改革。无论是政府相关领导干部，还是学校的校长、教师，或是广大家长，最关心的也是中考、高考改革，认为考试制度不改革，素质教育难以推行。情况确实如此。

我们对学生的评价太单一，以考试成绩作为唯一的评价标准。虽然教育部一再强调要全面评价，但除考试成绩之外，学生的思想品德、身体素质等都没有刚性指标。于是大家追求的只有考试成绩。另外，我国的考试制度长期存在"一考定终身"的弊端。同时，也一度长期存在高校招生缺乏自主权，学生报考缺乏选择权等问题。

因此，2018年，习近平总书记在支持召开全国教育大会时专门指出，要扭转不科学的教育评价导向，坚决克服唯分数、唯升学、唯文凭、唯论文、唯帽子的顽瘴痼疾，从根本上解决教育评价指挥棒问题。2020年，中共中央、国务院发布了《深化新时代教育评价改革总体方案》（下称《总体方案》），对教育评价制度和机制的改革做了顶层设计，将"改革党委和政府教育工作评价，推进科学履行职责"作为重点任务，提出完善党对教育工作全面领导的体制机制，强调各级党委要牢固树立科学的教育发展理念，坚决克服短视行为、功利化倾向。在"组织实施"部分再次强调各级党委和政府要加强对教育评价改革的组织领导。这有利于保证改革的正确方向，保证社会主义的办学方向和落实立德树人的根本任务。

《总体方案》对各级各类学校、教育教学工作，对学生、教师的评价都提出了不同要求：坚持把立德树人成效作为根本标准，不得下达升学指标，坚决改变简单以考分排名评价老师、以考试成绩评价学生、以升学率评价学校的导向和做法，促进学生身心健康、全面发展；突出教师开展教育教学的实绩，引导教师上好每一节课，关爱每一个学生，减轻学生的课业负担；稳步推进中高考改革，构建引导学生德智体美劳全面发展的考试内容体系，增强试题开放性；推进高等学校分类评价，引导不同类型高校科学定位，办出特色和水平，培养一流人才、产出一流成果、主动服务国家需求。《总体方案》还有一个很值得称道的亮点是强调社会用人评价制度的改革，通过扭转"唯名校""唯学历"的用人导向，促进平等就业、树立教育自信、服务全民终身学习，保障每个学生都有人生出彩的机会。

《总体方案》对教育评价制度改革的要求和举措都非常具体，改革是一项任重道远且需要不断研究、探索的大工程，接下来的关键在于落实。

同时，在高考改革中，媒体要注意发挥正能量作用，不应再炒作"高考状元"。

五、 完善与教育相关的法律体系

中华人民共和国成立七十多年以来,我国与教育相关的法律体系日趋完善,尤其是《教育法》的出台具有重要意义。然而,我国现行《教育法》涉及的原则性问题比较多,很多细节仍需完善。比如:学校的责任和权利是什么,学校的主要任务是什么,学校到底能管哪些方面?现在的学校每年要接收上级下发的大量红头文件,包括交通、安全、卫生等上百件,校长天天忙于开会,没有时间指导学校的教育教学工作。老师也要忙着应付各种行政检查,完成大量与教育教学无关的工作。现在有个说法:中小学老师如今是抽空搞教学。这明显是不合理的。所以我提倡要制定《学校法》,要明确规定学校该做什么,不该做什么,明确学校的责任边界。"双减"政策的出台是教育制度的改革,在制度层面为减轻学生课业、课外负担提供了支持,但是要切实减轻学生负担,还需要地方政府、学校、家长共同努力减轻学校的负担,减轻教师的负担。

第三节　抓住教师队伍建设这个"牛鼻子"

2014年9月9日,习近平总书记访问北京师范大学,在师生代表座谈时说道:"百年大计,教育为本。教育大计,教师为本。努力培养造就一大批一流教师,不断提高教师队伍整体素质,是当前和今后一段时间我国教育事业发展的紧迫任务。"2021年两会政府工作报告在"十四五"时期的主要目标任务中提出,"建设高质量教育体系,建设高素质专业化教师队伍"。要建设高质量教育体系,最关键的还是教师队伍的建设。毕竟上好每一堂课、教好每一个学生要靠每一名教师来落实,而办好每一所学校也是要让每所学校、每个班级都有好的老师。

一、提高教师队伍的专业水平

我们现在经常说要提高教师的社会地位,营造尊师重教的社会氛围。这有一个前提,那就是教师得成为一个高度专业化的职业。近些年,教师资格证考试热度大幅提升。这说明教师职业的吸引力正在增加,年轻人从教的意愿有所增强，这本是一件好事。但是我们要注意，现在有不少人把从事中小学老师工作作为"备胎"和"退路"，毕业找不到合适的工作就想考个教师资格证去当老师。有些学校在招聘教师时则盲目追求高学历、名校毕业，对于应聘者是否接受过教师教育、教学技能如何反而不在乎。这显然不利于教师职业的专业化，也说明在很多人心中，教师职业根本就没有专业性。

早在1989年，我就在《瞭望》周刊上发表了一篇短文《必须使教师职业具有不可替代性》。我在文中明确提出，任何一个职业，只有具有不可替代性，才能有社会地位，才能受到社会尊重。这背后还有一个故事。1980年，我和靳希斌、赵敏成等人到四川、湖北、湖南、浙江、上海等地调查。在招待所闲聊时，我说"知识分子的待遇很低，特别是农村小学教师的待遇太低"。结果一位同住的干部说："农村小学教师算什么知识分子？有些农村教师就是'半文盲'。"这句话对我的刺激很大。我在《瞭望》发表的那篇短文中提出，要提高教师的社会地位，必须从两个方面着手。一方面，尽快提高教师的工资待遇，使它的职业在社会上有一定的吸引力。

另一方面,更重要的是要尽快提高教师队伍的素质,加强教师队伍建设,使之成为一支训练有素的、不可替代的专业队伍。首先,要大力提高中小学教师的学历水平。中华人民共和国成立七十多年来,我国中小学教师的学历不断提升。但是与发达国家相比,目前还存在一定差距。教育强国建设对教师整体素质提出了更高的要求。提升学历对教师队伍整体能力素质发展非常重要,广大教师通过进一步提高学历,可以获得系统知识,涵养扎实学识,培养创新能力,才能适应时代所需。

其次,根据时代要求不断更新教师能力。2012年3月,经合组织发布了一份题为《为21世纪培育教师提高学校领导力:来自世界的经验》的研究报告,报告指出:"21世纪教师应满足以下几方面要求:(1)必须精通自己所教科目,善于采用不同的方法来使学生获得最好的学习效果;(2)需要采取多样化的教学策略,将知识与运用相结合,包括直接的教学、引导、小组学习、自学与个人发现;(3)深入了解学习是如何发生的,如学生的动机、情感及其在教室外的生活;(4)需要高度协作的工作方式,与其他教师、专业人员和辅助人员构建专业团体和网络合作关系;(5)需要拥有强大的技术技能,优化数字资源在教学中的运用,并跟踪学生的学习情况;(6)需要和他人合作,提升教师设计、领导、管理和策划学习环境的能力;(7)教师要具备实践反思的能力。"对此,我非常认同。

对教师来说,上好某一堂课或许比较容易,但是要做到长期上好每一堂课,恐怕就比较难。要做到这一点,教师就必须不断提高自身的综合素质和教育教学能力,促进自身的专业成长,最终形成自己的教学风格。好老师的专业培养,需要较长的一段时间,除了学习理论,还要特别重视在长期历练中学习,提高教书育人的能力。我曾经说,教师要达到像王国维在《人间词话》中总结的做学问的"三重境界":第一重境界,"昨夜西风凋碧树。独上高楼,望尽天涯路",即教师要对教育、对教师职业有一个正确理解,有一个愿望;第二重境界,"衣带渐宽终不悔,为伊消得人憔悴",即教师要不忘初心,虽经磨炼,终身无悔;第三重境界,"众里寻他千百度,蓦然回首,那人却在灯火阑珊处",这就是教师幸福之所在,看到儿童的成长、学生的成长,教师会感到无比幸福。所以我说,教师是幸福的职业。这三重境界,描述的是教师的成长路径。经过这三重境界,每一位教师都能成为好老师。

前几年,我和美国的管理学大师彼得·圣吉(Peter M.Senge)对话,他有一本很有名的书——《第五项修炼》。受这部著作的启发,我在教师成长应经历的"三重境界"的基础上又提出了教师的"五项修炼"。第一项修炼是意愿。有了这个意愿才能成长,才能认准教师这个职业。教师不同于其他职业,教师的工作对象是生动活泼、正在成长中的儿童。教师的任务是塑造生命、塑造灵魂,传播人类文化。这个职业,从大的方面来讲,关系到一个民族的未来;从小的方面来看,关系到孩子的成长、家庭的幸福。因此,要成为一名优秀教师首先要有当教师的主观意愿。

第二项修炼是锤炼。教师职业生涯中,不管新教师还是老教师,都会遇到成长中的问题。老教师要警惕定式思维,要学会创新;新教师特别是年轻教师更要有锤炼的过程,包括遇到问题要反思、要思考。不经历锤炼,是不可能提高专业水平和成为优秀教师的。

第三项修炼是学习。反思以后,遇到问题怎么办?要学习。包括学习教育理论,学习教育方法,学习老教师的经验。教师这个职业要用人格魅力影响学生,教师的人格魅力从哪里来?从学习中来,要多读书,提高自己的人文素养,培养自己高尚的人格。

第四项修炼是创新。教师每年都会遇到新学生,每天都会遇到新问题。教师不管是在学习中,在教学改革中,还是在陪伴学生一起成长的过程中,都要有创新的思维、创新的能力和创新的方法。

第五项修炼是收获。看到学生成长就是一种收获。教师会拥有喜悦和成就感,能够体会到身为教师的幸福。教师发现自己的成长,也就有一种成就感。教师有了收获,获得了荣誉,仍然要不断学习,不断提高。

总之,归纳起来,教师的成长需要经过"意愿、锤炼、学习、创新、收获"这五项修炼。

二、让教师把精力放在课程与教学上

这几年我走访过很多学校,看到学校的办学条件有很大改善,很多学校都在认真办学,课外活动很热闹,学生活泼可爱,但是课堂教学质量还不尽如人意。不少教师还是用老的观念、陈旧的方法传授知识,有的教师对于教学内容讲述不清。有的教师只关注学习好的学生,没有关注学习困难的学生,不能使每一个学生在课堂上听懂学会。教师应该把精力放在课程上,放在教学上,上好每一节课,学生听懂学会了,作业就可以少布置一点,学生的负担就减轻了。那么什么样的课是好课呢?好课的教学形态并非千篇一律,不同的学段、不同的学科、不同类型的课堂,其标准并不统一。但不论什么学段,不论什么学科,好课的本质是不变的,那就是要充分发挥学生的主体性作用,让学生的思维得到发展。20世纪80年代初,我在《江苏教育》第10期发表了《学生既是教育的客体,又是教育的主体》一文,第一次提出"学生主体说",引起了学术界的争议。有人批评说事物只能有一个主体,教师在教育过程中起主导作用,因此教师才是教育的主体。针对这个观点，我后来在《中国社会科学》1987年第4期发表的《论教育的传统与变革》一文中进行了回应，"教师的主导作用"一词是从苏联教育学中翻译过来的，原词的意思是"先导、引导作用"，并无"主体"的含义。同时，我还强调"既要把学生看作教育的对象，又看作教育的主体"。二者并不矛盾。在教育过程中，学生是教育的对象，教师遵照教育方针，有目的、有计划地对学生施加影响。但要让教育有成效，让学生生动活泼地、主动地得到发展，就必须充分发挥他们的主观能动性，使他们真正成为学习的主人。我们的一切教学工作最后要落实到学生身上，要经过学生的自我内化，内化为他们的思想、品德、知识和智慧。现在大家普遍接受了这个观点，但要在课堂上真正做到以学生为主体并不容易。

教育家吕型伟给我讲过一个特级教师公开课的案例。在公开课上，这位特级教师提出问题后，学生们纷纷积极回答问题，当这位教师对答案感到满意时，他就不再让学生举手发言了。但有一名学生依旧在举手想要发言。这位教师非常"有经验"地走到学生身边把他的手放了下来。然而，这名学生还是要举手发言，教师又一次把他的手放下来。最后这名学生跑到讲台上举手，教师不耐烦地把他的手打了下去。学生无奈地朝后面听课的教师们做了一个鬼脸。评课时，很多教师认为这堂公开课非常成功，但是吕型伟却认为这是一堂失败的课。学生有话要说，就应该让他说，他可能对问题有新的想法或补充；也许他说得不对，说明教师的课并没有让所有学生接受。教师应该引导学生们讨论，最终得出正确的结论，而不是不让学生发言。这样会抑制学生学习的积极性，以后这名学生可能就不再举手发言了。

另外，我们总是用灌输的方式让学生获取知识，这其实是低估了学生的学习能力。学生有很强的潜在能力，他们自己能解决很多问题。我们做了一个"好课燎原"的项目。项目组组织一名特级教师带着两名新手教师开展同课异构教研活动，共同研讨什么课是好课。很多人都夸浙江的数学特级教师俞正强的课上得好，但学不来，不明白他为什么和学生聊着聊着学生就懂了。其实，俞正强老师充分尊重了学生的主体地位，将问题的切入点建立在学生已有经验的基础之上，通过不断唤醒学生的自主意识，带领学生澄清过去模糊的已知经验，思考知识的本质，并鼓励学生探索未知领域。学生在这一过程中提升了自身的思维品质，体会到了思考的乐趣，这才是好课的本质。

现在还有一种现象，就是课堂看起来很热闹，学生们又唱又跳，各种"探究式学习""自主活动"让学生应接不暇，但学生却很难有时间深入思考。这就需要我们深入理解什么是真正的活动。前文提到过，我主张"学生成长在活动中"，所以我也提倡活动教育，但我讲的活动教育不是简单的肢体活动，而是思维的活动。很多有经验的教师提倡"先学后教""讲讲、读读、议议""尝试教学"等新的教学形式，就是为了调动学生的学习主动性，让学生积极地参与教学，在活动过程中获取知识、锻炼能力，同时把知识和能力内化为智慧。另外，不能把提倡学生活动等同于教师讲得越少越好。我曾经走访过一所学校，该校校长说，为了突出学生的主体性，他们现在要求老师每堂课的讲授时间不能超过 10 分钟。这是对活动教育、对学生主体观的一种机械理解和误解。我们不能简单用老师讲多久来衡量一堂课是教师为中心还是学生为中心，有没有发挥学生的主体性。如果教师的精辟讲解能够启发学生思维，能够开展真正的"深度学习"，那就是一堂好课。

三、 重振师范教育

20世纪末至21世纪初，我国掀起了师范教育改革的热潮。改革的内容之一是力图用开放式师资培养体系代替封闭式培养体系，即由独立的师范教育体系，转变为其他高等学校参与的教师培养体系，同时师范院校也向综合大学转变。然而改革十多年来，并未达到预期的结果。

国家提倡开放型培养师资，目的是提高教师质量，让一些高水平的综合性大学来培养师资。一方面，当年很多综合性大学成立教育学院，想要培养师资，但缺乏办师范的条件。除少数综合性大学举办教育硕士、博士学位研究生班外，没有哪所高校设立师范本科专业。虽然也引进了几名教育学科的人才，但都没有创办师范教育的成套体系和机制，许多教育学院处在大学的边缘，没有真正地建设起来。而且这些综合性大学都在想如何跻身世界一流，根本没有兴趣培养教师。另一方面，师范院校在向综合性大学转型，初衷是提高师范专业的学术水平。但是，目前的事实是很多转型的院校并没有把力量加强在师范专业上，而是热衷于扩大非师范专业，忙于升格，企图挤入名牌高校之列，因而有不少学校不是借用综合学科的优势来加强师范专业，而是抽调师范专业的教师去充实其他新建立的学科。这样反而削弱了师范专业，与改革的宗旨背道而驰。

从国外师范教育发展的历史来看，师范学院转型为综合性大学是历史的必然。但这必须具备以下三个条件：一是科学技术的迅速发展，要求教师水平的提高，而师范学院历来学术水平较低，已经无法满足培养高水平教师的需要；二是教师数量已经基本达到要求，不需要设立专门的师范学院来培养；三是教师职业在社会上已有一定的吸引力，优秀青年愿意从事教师工作，不需要专门的机构用免缴学费等优惠条件来吸引生源。这三个条件在我国初步具备，但还不充分。我国教师数量水平现在已经基本满足需求，有近1 800万名中小学教师，甚至某些学段的师资已供大于求，但我们还不可能像发达国家那样，把他们的学历标准都提高到研究生水平；特别是教师职业吸引力不强，很多青年不到万不得已的情况不愿当教师。我们在这方面估计不足，总以为现在不包分配，就业困难，教师职业比较稳定，报考师范专业的学生会多起来，但事实并非如此。这与我国教师地位不高、工资待遇偏低不无关系。

我提出要两条腿走路：在重视吸引高水平综合大学参与教师培养的同时，切实加强师范院校的建设，增加师范院校的财政支持投入。建好以6所部属师范大学为龙头的师范大学体系，在这些学校培养研究生层次的教师。加强地方师范院校的建设，扩大师范生公费教育，鼓励毕业生留在当地发展，特别是留在当地农村。

说到师范教育的转型，本应是小学教师由教育学院的本科培养，中学教师则先修完学科专业的本科，再到教育学院接受一两年的教师专业的培养和实习训练，然后通过国家考试，取得教师资格证书。这是发达国家通用的模式。可是我国师范院校的学校类型转变了，师范教育的培养模式并无变化。只有极少数师范大学试行"4+2"的模式，但也还存在着教学计划、课程设置、师资等诸多问题。

师范教育改革的经验教训使我们清醒地认识到，在我们这样一个发展中的人口大国，师范教育体系的建设不能照搬发达国家的模式，需要考虑到我国师范教育发展的历史、现有的条件。我认为，幼儿园、小学师资可以由师范院校教育学院本科或师范专科学校来培养，最好由师范专科学校招收优秀初中毕业生，五年一贯制培养。幼儿园和小学教师需要知识能力的全面性，能歌善舞，初中毕业生可塑性比高中毕业生强，容易培养。他（她）们毕业后边工作边进修，通过继续教育，逐步达到本科甚至研究生专业水平。中学教师由师范院校本科培养，逐渐形成本硕连读的模式。6所部属师范大学和几所水平较高的省级师范大学，建议借鉴学习发达国家的师范教育模式，师范生在专业学院学完本科课程，再到教育学院接受教师专业培养。教育学院要做到科研与教学结合、理论与实践结合，着重培养师范生教书育人的能力。如此，结合我国的国情和师范教育发展的历史和现状，有层次、有步骤地建立中国特色现代师范教育体系。

2018年,《中共中央国务院关于全面深化新时代教师队伍建设改革的意见》发布以后,情况有了较大的改进。国家采取一系列措施加强教师教育建设,如今小学教师的学历也已经提高到大学本科水平。更为可喜的是,2022年4月,教育部等八部门印发《新时代基础教育强师计划》(以下简称"强师计划"),提出要着力推动教师教育振兴发展,努力造就新时代高素质、专业化、创新型中小学教师队伍,教师教育要"迭代提升"。这就为教师队伍建设、加快实现基础教育现代化,提供了强有力的师资保障。2023年7月,教育部印发了《教育部关于实施国家优秀中小学教师培养计划的意见》("国优计划"),支持"双一流"建设高校为中小学培养研究生层次优秀教师,支持包括北京大学、清华大学、复旦大学、上海交通大学以及6所部属师范大学在内的共30所"双一流"建设高校承担首批培养任务。这个举措特别好,但数量还是有限。此外还要专门谋划广大在职教师的学历提升工作,让更多中小学教师达到研究生学历。

20世纪90年代,我向国务院学位委员会建议开设教育硕士专业学位。我认为，不仅要提高一般教师的专业水平，还要给青年教师提供进一步专业提升的机会。那时，我正任北京师范大学研究生院院长。1993年，我率先在北京师范大学附属中学、北京师范大学附属实验中学、北京师范大学第二附属中学和北京十一学校办起了研究生课程班，培养骨干教师。后来，全国多所师范大学也都办起了研究生课程班，在提高教师专业水平方面起到了一定的作用。在学位委员会学位办公室的协助推动下，终于在1996年国务院学位委员会第14次会议通过，设立教育硕士专业学位。这是专门为中小学教师设立的一个职业性学位，从此中小学教师有了攻读学位的机会。

经国务院学位委员会通过设立教育硕士专业学位以后，我们就积极行动起来，1996年9月由学位办公室在东北师范大学召开了第一次专家委员会会议，成立了专家小组，开始制订培养计划、课程方案。1997年，教育硕士正式招生，但由于计划内研究生招生名额的限制，当年只招了177人。我国有上千万名中小学教师，每年只有这么少的招生名额，哪年哪月才能提高我国教师的整体水平？第二年在学位办公室副主任谢桂华的提议下，教育硕士专业学位改为计划外招生，由招生单位联考，研究生毕业授予学位。研究生不脱产学习3年至4年，其间必须累计在大学学习一学年。这样，1998年就招收了1 400人，1999年增加到2 000人，2002年达到8 000人。同时，学位办公室正式成立了教育硕士专业学位教学指导委员会，我担任了第一届、第二届委员会主任，直至2004年卸任。

我经常说，推动教育硕士专业学位的设立，是我整个教育工作生涯引以为傲的一项工作。前几年我在参加学术会议时，会议期间还有一线教师激动地握着我的手感谢我当初做的这项工作，说是我圆了他们的研究生梦。但是，我听说近年来越来越多的"双一流"高校因各种原因停止招收除公费师范生以外的非全日制教育硕士。我觉得这有悖于中央加强师资队伍建设的精神。

前文提到，我国中小学教师的学历亟待提升，而让如此大规模的在职教师辞职脱产学习，无论对于教师个人还是教育系统，都是不切实际的。国家设立教育硕士专业学位的初衷就是为在职教师提升学历创造机会。"双一流"高校停招非全日制教育硕士，意味着庞大规模的在职教师将终身丧失进入"双一流"高校提升学历的机会。这也不利于提高我国基础教育阶段教师的社会地位。为基础教育阶段教师设立专业学位制度，既关乎教师行业的专业门槛，又关乎职业尊严。"双一流"高校停招非全日制教育硕士，阻挡的不只是大量在职教师个人的职业发展道路，将影响到整个教师行业的专业地位及相应的社会地位。

专业型教育硕士全日制化也使得教育硕士丧失了作为专业学位的独特价值。与学术型教育学硕士旨在培养教育科研人才和高等院校教师后备军不同的是，专业型教育硕士应定位为基础教育培养研究型教师和基层教育管理干部。因此，此前专业型教育硕士招生往往要求报考者具有一定年限的教育实践工作经验，这也是发达国家的普遍做法。转为全日制后，大学本科应届毕业生转而成为专业型教育硕士的主要生源。与此同时，"双一流"高校的全日制专业型教育硕士项目越来越像是"低配版"的学术型教育学硕士项目，而且课程方案与本科层次的师范专业高度交叉重叠。毕业生成为专业型教育硕士继续深造搞理论研究，其学术功底又不如学术型教育学硕士，进入教育一线工作后，又缺乏实践经验。这既不利于学生就业，也不利于基础教育阶段的师资队伍建设。

此外，近年很多"双一流"高校因为扩招出现学生宿舍床位紧张现象，尤其是在北京。如今将非全日制的专业硕士转为全日制后，进一步加剧了这一问题的程度。对此，很多高校决定不再为所有专业硕士提供学生住宿。北京等一线城市高昂的租房成本，成为劝退大量人报考专业硕士的重要原因。而专业型教育硕士毕业生今后的职业经济回报，远不能与工商管理的MBA、医学方面的临床医学毕业生相比。从成本分担原则来看，大幅提升专业型教育硕士的就读成本严重影响到教育公平问题。

我认为，教育部应当尽快出台文件，引导"双一流"高校，尤其是师范院校，恢复、扩大非全日制专业型教育硕士招生和培养。非全日制专业型教育硕士项目仅招收有一定教育实践工作经验的在职人员，重在更新在职教师的教育理念和培养他们的行动研究能力。与此同时，结合师范类专业认证工作，加强非全日制专业型教育硕士的质量监测与保障。发展非全日制教育硕士的根本目的不只是为在职教师提升学历创造机会，更重要的是切实提升他们的理论功底和专业化水平。因此，在恢复招生的同时，还要特别重视从各个环节加强非全日制专业型教育硕士的人才培养质量，尤其是把好出口关，杜绝"包毕业""包发证"现象。

四、 加强在职教师的继续教育和教研队伍建设

培养高素质、专业化、创新型教师无疑是师范院校的任务，但只有高质量的职前教师教育还不够，必须同时加强在职教师的继续教育。师范生不可能一毕业就成为一名成熟的教师，需要在教育实践中不断反思、不断学习、不断提高。

中国有两支教师队伍：一支队伍是在一线从事教育教学的教师，另一支队伍是教研机构的教研员。我国教研队伍的建设可以追溯到20世纪50年代。当时的中小学实施的是统一教学计划、统一教学大纲以及统编教材。为保证教育质量，各地教育局设立了教学研究室，简称教研室，从学校抽调一批优秀教师担任教研员，帮助学校教师研究教学大纲、研究统编教

材、集体备课，在当时师资条件比较差的情况下，这种方式在保障课堂教学质量方面起到了关键作用。

教研思想虽然古已有之，但是教研制度化是在中华人民共和国成立之初，学习苏联建立起来的。教研的思想与教研制度化的形成，以及建立制度化教师进修学校，需要有一个认识过程和制度化过程。中华人民共和国成立之初，在中小学建立学科教研组、在大学建立教研室、在各县区建立教师进修学校，无疑是学习苏联的模式。此后，教研制度逐渐本土化和创新化发展。

20世纪末，我国开展了新一轮的基础教育课程改革，提出以学生发展为本的教育理念，强调根据时代要求培养学生的创新精神、实践能力和社会责任感。为此，要求中小学教师注重培养学生的独立性和自主性，引导学生质疑、调查、探究，促进学生富有个性地学习，使每个学生都能得到充分的发展。在课程改革起步阶段，广大中小学教师和教研员都不太适应，使得课程改革初期步履维艰。然而，广大教研员不畏艰难，转变观念、深入研究、积极实践，在课程改革中给予中小学教师专业支持，使中小学教师提升了自信，促进了课程改革的稳步推进。上海市的课程改革就得力于教研队伍的支持。

21世纪初，中国教育学会曾在上海市徐汇区建立了第一批教改实验区。当时，徐汇区教师进修学院的教研员充分发挥了研究、指导、服务的专业支持作用，取得了很好的效果。他们根据新时期的教育形势和目标任务与时俱进，及时调整了过去教研员的角色定位，积极探索、勇于创新，从而成为新课程改革实施的专业研究者、引领者、指导者，不再是教育行政的命令者，而是与中小学教师共同研究新课程改革的精神和要求，积极推进课程教学改革，将基础教育的内涵发展和质量提升作为教研工作的重心。

再比如，北京市海淀区教师进修学校历史悠久，在历次教育改革中都起到了重要的作用。在推进新课程教学改革中，"创建基于课程标准的区域教学改进体系"获得了2018年基础教育国家级教学成果一等奖。这个成果是该校校长带领海淀区教研团队，顺应新课程改革的要求，率先开展教研转型，充分发挥教研机构专业的桥梁和转化作用，服务于教师素养的提升，为教师提供多样化的教学改革策略，为区域基础教育综合改革提供了很大的助力。该成果现在已经在全国10个省市11个示范区推广应用。

教研队伍在落实新课程改革要求、保证新课程改革顺利推进方面发挥了重要作用。他们本着对教育工作的高度责任感和使命感，充分发挥研究、指导、服务作用，带领中小学教师深入研究课程标准的核心思想，指导中小学扎实推进基础教育课程教学改革，提升中小学教师的专业素养和实践能力，成为基础教育教学质量的重要保障。上海在国际学生评估项目测试中一直名列前茅，国外专家总结成功经验，其中一条就是有教研室和教研员帮助教师成长。

据不完全统计，我国教研员专兼职队伍约有10万人，这是一支很有战斗力的队伍。一是各地教研员都是从学校选拔出来的优秀教师，其中有不少特级教师，他们有较强的专业理论和丰富的实践经验，在研究、指导、服务方面具有一定的专业权威性；二是各级教研部门多是服务于教育行政部门决策的研究单位，在工作中往往受教育行政单位委托行使一定的专业权力，比如评价教师教学业绩、评审教师职称等，因此在学校教育教学工作中，教研员具有一定的指挥权。如果教研员的教育观念正确，能够领悟新课程改革的精神和要求，就能够指导和帮助一线教师实施新课程改革，基础教育的质量就有了根本保证；如果教研员还抱残守缺，坚持传统观念和陈旧的教学方法，就会成为新课程改革的阻力。因此，建设好这支教研队伍对基础教育的改革和发展具有重大意义。

正因为教研员的责任重大，教研员更需要不断提高自己的专业水平，不断学习新知识、新理念，掌握教育规律，钻研课程改革的本质要求，提高自己的专业素养和人文素养；同时要深入实际，了解中小学教师的要求，帮助他们提高教书育人的能力，成为提高教学质量的有力保证。

五、 重视中西部欠发达地区教师队伍的建设

农村教育是我国教育发展的短板，特别是中西部地区和边远地区的基础教育还比较薄弱。有些地区的教师质量不达标；有些地区的教师待遇不能得到很好的保障，很难招聘到优秀教师。特别是中西部农村地

区教育投入不足，与东部地区有很大差距，教师下不去、留不住。现有教师水平不高、观念落后、方法陈旧，教育质量无法得到保证。几十万特岗教师对农村教育的发展起到了重要作用，但有一部分不能长期驻守农村。因此，解决农村教育问题是当务之急。首先要解决农村学校教师的保障问题。要加强公费师范生教育制度，加大定向培养力度，尤其是以招收本地生源为主的地方师范院校。这样可以使这些教师下得去、留得住。另外，一方面要继续提高当地教师待遇，给予更具吸引力的区域性补贴；另一方面要为当地教师专业发展提供更多平台和空间，使他们有事业成就感与幸福感。

教师培训有国培计划、省培计划，在培训教师时要改变灌输的方式，要手把手地教。要培养教师的专业思想，使教师热爱教育工作、热爱儿童；要让教师懂得教育的规律、教育的法律法规，有正确的教育观念、良好的师德；要培养教师教书育人的能力，使教师掌握课程标准和教材内容。

同时，可以用多种形式把城市的优质资源输送到农村。一是省级、市级之间的交流与帮扶，由发达省市帮扶欠发达省市的教育；二是由市属优质学校，帮扶农村教育，这不是一时一事，而是长期帮扶；三是采取"一对一"的模式，由一所优质学校帮助一所农村学校，发挥名师工作室的作用，把农村教师吸收到工作室，与优秀教师共同钻研课程教材，共同备课，不断提升农村教育质量；四是充分利用信息化，把优质课堂输送到农村；五是北京明远教育书院开展的"好课燎原"活动，每个月由老教师和年轻教师开展同课异构，上同一节课，由专家点评，开展讨论，深入挖掘课程和教材的本质，改进教学方法，提高课堂教学质量，培养年轻教师。

　　学校教育帮扶不能"蜻蜓点水"，不是派个别教师去被帮扶学校转一转，待上几天，讲几堂示范课就回来了，这种帮扶虽然也有一定效果，但不能持久，更不可能让被帮扶学校真正发展起来。学校教育帮扶共同体应是长期的，通过帮扶使学校具备"造血"功能，而不是简单"输血"，让被帮扶学校具备发展起来的内生力量，最终使被帮扶学校实现独立、自信成长和发展，形成实实在在的办学质量。

第四节　利用现代信息技术赋能教育高质量均衡发展

一、让"智慧教育"促进智慧的教育

教育原本是启迪人的智慧的一种活动，青少年儿童通过学习文化，获得知识、开阔视野、增长智慧，变得聪明。经济学家、教育家、中国社科院原副院长于光远说："教育学就是聪明学。"今天我们谈的智慧教育不是传统意义上的教育，而是指现代信息技术、互联网、大数据、人工智能在教育领域的应用。通过技术帮助教师更好地认识个体的差异和不同的需求，智能化地提供适合不同个体需要的方案，也就是产生教育的智慧，促进智慧的教育。

现代信息技术在教育领域的应用有一个历史发展的过程。第一代信息技术应用于教育是在20世纪初，运用的手段是幻灯、投影之类的工具。因为都要用电，所以中国学者把它称为"电化教育"。这个名词是陈友松教授20世纪30年代在江苏教育学院时第一次提出的。第二代是在20世纪五六十年代，运用的

工具是无线电、电视机，开始进行远程教育，出现了广播电视大学，国外称为"视听教育"。第三代是20世纪70年代以后，运用的工具是电子计算机，出现了计算机辅助教学。第四代是20世纪90年代，美国提出了建设信息高速公路，开始了互联网时代。21世纪出现了人工智能，进入了第五代，即智能教育。（此处的代数不是我们现在普遍说的4G、5G，而是指信息技术在教育领域应用的时段。）

20世纪90年代，我国一度落后先进国家约30年。当第三代计算机辅助教学出现很久以后，我国高等学校还只有少数计算机。1991年，我访问美国高等教育，问他们美国高等教育改革有什么动向时，他们说，高等教育正在进行信息化改造。我也看到很多高等学校都有计算机教室。我在依阿华大学还看到一位教师正在研究从贝多芬音乐视频片中调出他需要的章节用于教学。而我国那时很多高校都还没有开设计算机课程。1993年，时任美国总统克林顿提出建设信息高速公路，我国有些学者怀疑我国的经济水平是否有力量建设信息高速公路。但话音未落，信息高速公路就走到我们面前，发展之快是前所未料的。进入21世纪以来，我国信息技术迅猛发展，我们终于追上了甚至超越了世界水平。

今天，人类社会的发展进入了人工智能时代，因而出现了智慧教育的概念。这个概念不是替换教育技术，而是教育技术的迭代发展，使信息技术在教育领域的应用更智能化。应该说，信息技术在教育领域的应用总是滞后于其他领域，这不只是在中国，其他国家也是如此。多年来，信息技术的应用主要停留在计算机辅助教学方面。前几年受新冠疫情大流行影响，各地开展了线上教学。但信息技术尚未在教育全部领域中应用；信息技术的互联性、开放性、个性化、虚拟性等优势尚未被充分利用。信息技术在学校里应用滞后的原因，固然有技术因素，更重要的是教育是培养人的活动，教育除了传授知识外，要培养学生的价值观、世界观、人生观，丰富学生的精神世界。这必须由教师来引领，是技术不能替代的。在未来教育中，立德树人的教育本质是不变的，教师的角色是不可替代的，人只能靠人来培养，不能靠机器来培养。

智慧教育在学校里应用需要解决几个问题。一是教师的认识问题。要让教师了解信息技术的特点和优势。现在各种高新技术的发展给我们教育的发展带来了很大的冲击。教育的环境改变了，教育的空间扩大了，学生可以在媒体上学习很多知识。新一代的孩子们是信息技术环境的原住民，人工智能、大数据对他们的学习有很大影响。教师要改变过去的单纯传授知识的培养方式，要从"教"转变为"学"，重视学生的主体作用，让学生自己去探索、去研究。教师还要引导学生锤炼自己的思想品德，引导学生开展创新性学习，培养学生的创新能力。教师要帮助学生设计个性化学习方案，指导学生学习，指导学生吸取正确的、有益的信息。所以，教师的角色应该是设计者、引导者、帮助者。二是要提高教师运用信息技术的能力。现在很多教师还不知道如何更好地运用先进的信息技术。虚拟现实（VR）技术的迅速发展使之在几年前已经进入了公众视野，但至今还没有在教学中得到广泛应用，因此要加强教师信息技术方面的培训。三是缺乏先进而实用的信息化教育教学软件。目前的状况是懂技术的专业人员对教育不太熟悉，教育工作者又缺乏技术知识和能力。所以需要两者结合起来，征求基层教师的意见，共同努力，创造一批适合教师教学和青少年儿童学习的优秀软件。

此外，发展智慧教育还需要处理好几个关系。一是处理好技术与人文的关系。智慧教育正在改变教育的生态、教育的方式、师生关系等，但立德树人的本质不会变。在信息技术为促进学生多元化智能发展提供服务的同时，也要让学生懂得尊重人、尊重生命、尊重自然，提高文明程度。二是处理好现代教学与传统教学的关系。开展智慧教育不是抛弃传统，而是在传统基础上的发展。教育教学中要把现代和传统教学结合起来。在课堂上，还是需要教师本人跟学生沟通。比如，现在很多老师讲什么都要靠PPT，做得也比较花哨，其实没有这个必要，不是所有课程都要用PPT来呈现。三是要处理好虚拟与现实的关系。运用虚拟技术使学生更容易理解教学内容，更容易获取应用的技能。但虚拟世界毕竟不是现实世界，还是要让学生走进大自然、走进社会，去发现、去体验，从而增长自己的智慧，同时要防止学生沉湎于虚拟世界和网络游戏。

二、 利用新科技实现优质教育资源共享

我国幅员辽阔，加上一些历史原因，教育资源供给不均衡的问题一直比较突出，而且很难解决。这些年在党和国家一系列优惠政策的支持下，很多落后地区学校的硬件条件有了极大的改善，但是师资力量始终跟不上。国家出台了很多政策和专项计划支援落后地区的教师队伍建设，然而大多数优秀教师还是流向了发达地区。可喜的是，现代信息技术的发展可以让落后地区共享发达地区的教育资源。十八届三中全会通过的《中共中央关于全面深化改革若干重大问题的决定》提出，通过大力推进教育信息化缩短区域、城乡、学校的差距，推进教育公平。这无疑是一条促进教育均衡发展的新路径。

近几年，国家高度重视教育信息化建设工作，部署实施了国家教育数字化战略行动，出台了《关于大力加强中小学线上教育教学资源建设与应用的意见》（下称《线上教育教学意见》），明确提出到2025年，基本形成定位清晰、互联互通、共建共享的线上教育平台体系，覆盖各类专题教育和各教材版本的学科课

程资源体系，大力提升师生的应用能力，使利用线上教育资源教与学成为新常态，并且提出有条件的地方可依托本地优质学校和优秀教师，以直播方式为薄弱学校、农村学校和教学点提供"专递课堂""同步课堂"服务。未来我们不仅要建好这个平台，而且要让全国，尤其是薄弱地区、薄弱学校真正应用起来，让优质教育资源通过新科技真正流向这些地区和学校的课堂之中。

最后，我想重申我的观点，人只能靠人培养，不能靠机器培养。"直播课""网课"的质量再高也不能替代师生之间的直接沟通。薄弱地区、薄弱学校要充分利用在线共享课程资源，但不能因此忽视教师队伍建设的重要性。如《线上教育教学意见》所强调的，学校教师要积极利用平台资源组织好"双师课堂"，要主动学习观摩，不断提高自身教育教学能力。